인간과 말

봄날의책 세계 산문선

인간과 말

막스 피카르트 — 배수아 옮김

봄날의책

Der Mensch und das Wort, 1955 by Eugen Rentsch Verlag,
Erlenbach-Zürich by Max Picard
Copyright ⓒ 2013 by Gabriel Picard
All Rights Reserved.

Korean Translation copyright ⓒ 2013 Spring Day's Book, Seoul
This Korean edition was published by arrangement with Gabriel Picard and
Loco Verlag, Schaffhausen, Switzerland through Greenbook Agency, Seoul.

이 책은 그린북 에이전시를 통한 저작권자와의 독점계약으로
봄날의책에서 출간되었습니다. 저작권법에 의해 한국 내에서
보호를 받는 저작물이므로 무단 전재와 복제, 전송, 배포 등을 금합니다.

친우,
빌헬름 하우젠슈타인에게

그리하여 모든 것 중에서 가장 뛰어나고도
위험한 존재인 언어가 인간에게 주어졌다.
창조하고, 파괴하고, 멸망으로 치닫다가,
다시 영원한 어머니이자 최고의 명장인
자연에게로 되돌아올 수 있도록,
자연으로부터 무한한 신성, 모든 것을 포용하는
그 사랑을 상속받고 배운 자로서,
자기 자신을 증명하고 생성할 수 있도록.
횔덜린

한국어판 서문

한국의 봄날의책 출판사에서 작가이자 철학자인 막스 피카르트의 책 《인간과 말》을 번역 출간하고 싶다는 소식을 전해왔을 때 저는 참으로 기뻤습니다.

제 할아버지인 막스 피카르트는 생전에 극동아시아에 큰 관심을 갖고 계셨습니다. 그는 극동의 풍요로운 문학과 사상, 그중에서도 특히 특유의 예술을 매우 존중하셨습니다. 그의 작품들이 생전에 일본어로 번역된 덕분에 일본에는 개인적인 친구들도 있었지요.

지금까지 한국어로 번역 출간된 그의 작품은 대표작이자 아마도 가장 아름다운 작품에 속할 《침묵의 세계》(까치) 한 권뿐입니다.

《인간과 말》은, 봄날의책 출판사에서 야심차게 시작하는 막스 피카르트의 작품들 중 첫 권입니다. 이것은 작가가 말년에 완성한 뛰어난 작품으로, 1955년 취리히에서 처음 발표되었습니다. 이 책 이후에 할아버지가 쓴 것은 짧은 소책자 두 권뿐입니다. 1958년 《인간의 원자화》, 1959년 죽음을 맞은 인간의 얼굴을 다룬 독특한 작품 《최후의 얼굴》이 그것입니다.

하지만 《인간과 말》은 쉽게 읽을 수 있는 책이 아닙니다. 더구나 쉽게 이해할 수 있는 책도 아닙니다. 그러나 설사 책의 어느 부분이 이해되시 못한 채로 남는다 해도, 인간과 말이 서로 분리할 수 없이 상대의 내부에 자리한 관계라는 기본개념은 누구나 선명하게 이해할 수 있을 것입니다. 말이 없는 인간은 없으며 인간이 없는 말도 없습니다. 말이나 인간 모두 유일한 존재, 그 무엇과도 다른 존재이며, 앞으로도 그런 존재로 남을 것입니다. 오늘날 이것은 특히 중요한 의미를 지니는데, 말이 더 이상 말이 아닌 어떤 것, 점점 기호와 같은 성격으로 변해가기 때문입니다. 마우스, 키보드 그리고 컴퓨터 화면은 인간에게서 말의 본질과 언어의 정신을 앗아가고 있습니다. 그래서 나는 지금 이 책이, 뛰어난 인간의 능력으로 눈부신 발전을 이룩했으며 세계적으로 주도적인 위치를 인정받고 있는 한국에서 번역 소개된다는 것이 더더욱 반갑습니다.

내 할아버지의 글을 통해—놀랍게도 그는 이미 1921년에 오늘날의 이러한 발전상을 미리 예견했습니다(《최후의 인간》 참조)—인간과 인간의 최고표현인 말은, 그 뿌리와 균형을 되찾는 것이 가능합니다. 그리하여 인간은, 심지어 허상의 형체들만이 활보하는 듯한 세상에서조차 인간으로 머물 수 있게 됩니다.

사람들은 이 책이 피카르트의 작품 중 무척 난해한 것이라고 합니다. 하지만 일단 한 번이라도 히말라야를 등정한 사람이라면, 그에게 산은 언덕이 되고, 언덕은 구릉이 될 것입니다.
　이 작품이 봄날의책의 첫 번째 "피카르트 등정"이 되기를, 그리하여 피카르트의 다른 작품들이 나지막한 언덕이 되고 한눈에 보이는 구릉이 되기를 바랍니다. 한국의 독자들을 세계의 먼 곳으로, 진실의 세계로 안내해줄 수 있도록.

2013년 6월
가브리엘 피카르트

차례

한국어판 서문 ——— 9

[1] 언어의 선험성 ——— 15
[2] 앞서 주어진 것 ——— 32
[3] 언어의 탄생 ——— 43
[4] 말과 소리 ——— 53
[5] 말과 빛 ——— 63
[6] 말과 존재성 ——— 71
[7] 언어의 의미 ——— 78
[8] 말과 진리 ——— 92
[9] 말과 결정 ——— 99
[10] 인간에 내재한 전체로서의 언어 ——— 112
[11] 언어의 구조 ——— 122

[12] 언어의 다원성 ——— 137

[13] 파괴된 말 ——— 144

[14] 말과 사물 ——— 152

[15] 말과 행위 ——— 172

[16] 말의 시간과 공간 ——— 180

[17] 말과 인간의 형상 ——— 186

[18] 말과 목소리 ——— 195

[19] 그림과 말 ——— 203

[20] 말과 시 ——— 217

[21] 시의 선험성 ——— 230

옮긴이의 글 ——— 243

[I]

언어의 선험성

1

인간의 기본구조에 속하는 모든 요소는 앞서 주어진 것이다. 인간이 그것을 취하여 사용하기 이전인 태초부터 이미 인간을 위해 마련되어 있었다. 인간에게 앞서 주어진 것 중 하나는 바로 언어다. 빌헬름 폰 훔볼트는 말했다. "내 확신에 의하면, 언어는 인간 내면에 온전히 저장되어 있는 것으로 보아야 한다. …… 언어의 발명이 수천 년 전 혹은 수만 년 전이라고 추정하는 것은 사실 무의미한 일이다. 인간이 한 단어의 말이라도 진실로 이해하려면, 감각으로 터져나오는 소리가 아니라 분명한 개념을 전달할 목적으로 발음된 하나의 어휘로 이해하려면, 이미 인간 안에 언어 전체가 체계를 갖추고 자리 잡은 상태여야 하기 때문이다."

이렇듯 언어는 인간에게 미리 주어져 있다. 인간이 말을 시작하기 이전부터 언어는 인간 속에 있었다. 그렇지 않았다면 인간은 처음부터 말을 할 수가 없었을 것이다. 인간은 자신 속에 선험적으로 내재하는 언어를 사용해서 말을 하는 것이다.* 선험성은 모든 경험에 우선한다. 선험성은 인간의 외부에서 왔지만 원래부터 인간을 위해서 존재한다. 인간은 스스로 움직이

---

* 언어에는 이러한 초월적인 선험성 이외에도 또 다른 선험성, 즉 인간적 요인에 의한 내재적 선험성이 있다. 그것은 자기 민족의 언어가 세대를 거듭하며 전승될 때 발생한다. 하나의 언어가 오래될수록, 그 언어 속에 깃든 사건과 역사가 쌓일수록, 인간적 요인에 의한 선험성만이 두드러질 위험이 커진다.

면서 그것을 향해 좀 더 다가가기도 하고, 어떨 때는 멀어지기도 한다. 선험성은 신의 의지다. 그것은 인간을 선험적인 것들로부터 멀리 떨어뜨려놓기도 하고 동시에 가까이 끌어당기기도 한다. 그 멀어짐과 끌어당김 사이에서 인간은 자신의 세계를 구축한다. 선험성에서 멀어졌다가 가까워지는 움직임 속에서 시간이 탄생했다.

언어는 인간에게 앞서 주어진 것이다. 하지만 놀라운 사실은, 그럼에도 불구하고 인간은 언어에 대해서 자유롭다는 점이다. 인간은 언어를 통해서 말해지지만, 자신이 원하는 것을 언어로 말하기도 한다. 언어에는 이처럼 능동적인 동시에 수동적이고, 강요당하는 동시에 자유로운 두 행위가 모두 하나의 형태로 존재한다. 그것은 인간의 영역보다 더 높은 차원에 속한 것이다. 서로 반대되는 두 성질의 통일성은 언어의 신적인 속성을 증명한다.

선험성은 끊임없이 인간을 말하고 있는 그 무엇과도 같다. 그것이 없다면 모든 개인은 제각각 다른 언어로 말을 하게 될 것이다. 우리는 언제나 선험적인 것에 의해서 지속적으로 말해지며, 침묵할 때는 선험적인 것에 의해서 침묵된다. 그때 인간을 침묵하는 그 침묵은, 인간의 침묵 이상의 침묵이다. 선험적인 것에 의해 침묵되는 것은 하나의 언어이기도 한데, 그것은 인간의 언어 이상의 언어다.

인간은 선험성에 의해서 말해지는 존재다. 그로 인해 말은 항시 인간을 위해 대기 중인 상태다. 인간이 말하지 않을 때, 말은 선험성의 침묵 속에서 인간을 위해 보관된다. 안정감이나 평안처럼 인간이 침묵할 때의 상태는, 말이 그를 위해 선험성 속에서 대기 중이라는 것을 확신할 때 생겨난다. 선험성이 없다면 언어는 자기 스스로 너무나 힘에 겨울 것이며, 따라서 당연한 듯이 항상 거기 있을 수가 없다. 인간은 매번 하나의 어휘가 밀해질 수 있는 기초를 직접 마련해야만 한다. 선험성이 없다면 언어는 더 이상 확신이 아니며, 단지 실험에 불과할 것이다.

사르트르의 추종자인 모리스 메를로-퐁티는 언어가 선험적일 수밖에 없음을 인정했는데, 그 사실은 나를 놀라게 만들었다. 그는 말했다. "인간이 말을 배우기 이전부터 언어는 인간 속에 내재해 있다. 언어는 스스로 가르치며 스스로 해석한다. 이것이 바로 언어가 스스로 발휘하는 기적이다." 태어난 직후에 아이는 동물들이 그러는 것처럼 몸짓과 소리로 의사를 표시하지만, 어느 순간 갑자기 전혀 새로운 차원에서 발생한 몇 개의 어휘가 아이의 입에서 터져나온다. 그 어휘는 더 이상 아이 앞에 놓인 사물들을 가리키는 고립된 분절음이 아니라, 어떤 하나의 전체, 선험적 언어 자체를 나타내는 것이다. "만약 아이들이 이미 언어를 자신 안에 갖고 있지 않다면, 그들은 언어를 배우지 않을 것이다."(장 파울, 《헤스페루스》) 아이의 언어는 어른의 언어보다 선험성에 더욱 가깝다. 선험성이 아이를 두텁게 둘러싸고 있다. 아이의 말은 선험성의 막을 느리게 투과하여 외부로 나온다. 아이는 온전히 선험성의 영향 아래서 말을 한다. 아이는 선험성 안에 머물며, 선험성은 아이를 언어 속으로 밀어낸다. 아이가 느리게 말하는 것은 언어를 배우는 단계여서가 아니라, 아이 자체가 완전히 다른 세계에 속한 존재이기 때문이다.

벙어리에 귀머거리인 자는 말을 갖고 있지 않다. 하지만 그도 언어적 선험성을 소유하고 있다. 그래서 언어 경험의 유무와는 별개로, 선험성을 마치 뼈대처럼 활용하여 그 위에 개념의 형체를 입히는 능력을 갖는다.

2

선험성에 의해서 문장은 개별 어휘들의 집합 이상이다. 또한 문장 안에는 말하는 사람이 첫 단어를 소리 낼 때 알고 있던 것보다 더 많은 것이 들어 있게 된다. 대화는 두 사람이 서로에게 말하려고 의도했던 것보다 더욱 많은 것을 상대편에게 줄 수 있다. 언어는 언어를 말하는 당사자의 의지를 넘어서 그 이상을 창출한다. "체험의 언어 속에는 더욱 높은 능력을 가진 또 다른 언어가 숨어 있는 것은 아닐까?" 하고 메를로-퐁티는 질문했다. 선험성은 언어 안에 있는 더욱 높은 능력이다. 사람은 말을 하기도 전에 자신의 말을 미리 예감한다. 언어는 언어를 말하는 당사자보다 더 많은 것을 알고 있으며, 당사자가 취할 수 있는 것보다 더 많은 내용을 다루고 있다. "하나의 언어로 말을

하면, 나는 내 것이 아닌 어떤 힘을 가동시키게 된다."(바아더)

언어는 인간을 그 자신 이상으로 끌어올린다. 우리는 말을 하면서 더 높은 차원의 다른 말을 향해서 말하게 된다. 선험성은 마치 높고 밝은 구름처럼 인간의 언어 위에 있으면서, 마치 구름이 그러듯 어디나 인간을 앞서서 간다. 선험성의 구름은 인간의 위에서 빛을 발한다. 인간의 마음속에서 사라지지 않는 그리움은 그 빛에 대한 대답이다.

선험성으로 인해 언어는 활용을 초월하는 의미를 내포하며, 그로 인해 언어는, 사용되고 말해지는 방식과는 별개로, 스스로의 생명력을 갖는다. 언어는 단지 필요와 목적에 맞게 조합해놓은 사물이 아니라 "오늘날까지 살아온 선조가 보았던 모든 것, 즉 존재했던 모든 지나간 사물들 전체를 음성기호로 표기한, 세계에 대한 체계적이며 총체적 묘사"(F. 마우트너)인 것이다. 만약 언어가 오직 필요에 의해서만 활용된다면, 언어는 닳아버리고 수축될 것이다. 언어는 침몰하게 될 것이고, 모든 침몰하는 것들을 자신 안에 담아버릴 것이다. 선험성으로 인해 언어는 단순한 용도, 단순한 전달수단 이상의 위치에 있다. 예를 들어, 단순한 전달수단에서 출발한 침묵은 뭔가가 결여된 것이며 비어 있는 것에 불과하다. 하지만 선험성에서 출발한 침묵은 인간의 최초를 향해, 혹은 인간의 종말을 향해, 어떤 기대를 향해 뻗어나가게 된다.

선험성으로부터 출발한 말의 움직임은 언어에 깊이를 부여한다. 중세 회화 속의 인물들이 금빛 바탕색에 의해 영원과 결속된 것처럼, 말은 선험성에 의해서 그러하다.

또한 기억도, 선험성으로 인해 유지되는 것이 분명하다. 영원과 결속된 선험성은 기억 속에 머무는 말에 지속력을 부여한다.

사고의 역동성은 매우 규모가 크기에, 만약 언어 안에 객체적인 토대, 즉 선험성이 갖추어져 있지 않다면 도저히 그 역동성에 맞설 수가 없을 것이다. 오직 인간이라는 주체에 의해서만 좌우되고, 오직 인간에 의해서만 생산된다면, 언어는 사고의 모든 움직임에 동반하다가 파열되고 말 것이다. 인간은 자신이 언어를 지탱하는 것보다 훨씬 더 많이 언어에 의해서 지탱되고 있다. 언어 안에는 인간이 스스로 지탱할 수 있는 것보다 더 많이 지탱해주는 존재가 있다.

인식의 불안은 선험성 때문이다. 인간은 선험성의 감독 아래 있음을 알지 못한 채 말을 한다. 하지만 언어 속의 무엇인가가 인식을 감시하고 있음을 알아차린다. 그러면 사고를 잠시 멈추고, 인식한 것을 가다듬고 정리해보려고 한다. 마치 선험성으로부터 오는 어떤 대답을 기다리는 행위처럼.

미완성의 사고는 침묵으로의 이행을, 혹은 언어로의 이행을 감행한다. 그것은 선험성에 의해 보호를 받는다. 그러므로 인간으로부터 나오는 것들은 모두 철저하게 완벽할 필요는 없는 것이다. 선험성 덕분에 언어는 인간이 표현할 수 있는 것 이상을 의미하는 능력을 갖춘다.

  오 보이지 않는 세상이여, 우리는 너를 보는구나.
  오 만질 수 없는 세상이여, 우리는 너를 느낀다.
  오 알 수 없는 세상이여, 우리는 너를 인식한다.
  오 불가해한 세상이여, 우리는 너를 붙잡는다.
  (프랜시스 톰프슨)

3

언어의 선험성은 이 세계를 창조한 신의 어휘의 흔적이다. 그것은 말에 독창적인 힘을 부여한다. "이 세계를 창조하고 지탱하는 그 살아 있는 말이 우리를 들어올린다. 우리의 심장에서, 그리고 우리의 입에서."(바아더)

  선험성은 인간에 의해서 실현되기를 바라고 있다. 선험성은 "bonum diffusivum sui"("선은 스스로 전파된다"라는 뜻의 라틴어―옮긴이)와 같다. 인간의 언어에 깃든 선은 언어 속에서 스스로 퍼져나가기를 바란다. 아마도 여기에 음악의 기원이 있을 것이다. 음악은 선험성과 동반하면서 그것의 실현을 이끌어내는 존재다. 음악이 없다면 선험성의 실현은 너무도 돌연하여 마치 습격과도 같다. 이 세상에서 언어처럼 선험성이 압도적으로 두드러지는 분야는 없다. 그리스도가, 말이, 이 세상에 왔다는 것이 그 징후다. 그리스도 안에서 선험성과 희생은 하나다. 인간이 선험성과, 신의 흔적과 가장 가까이 있을 때는 말 속에서다. 선험성은 내재하는 초월이다. 들리지 않는 것을 들리게 만드는 능력, 그것이 바로 인간의 말이 갖는 영예다.

언어의 기원에서 비로소 인간은 선험성과 마주친다. 기원이란 곧 선험성과의 근접을 의미한다. 선험성 자체가 사물의 직접적 기원이다. 직접적이면서 동시에 객관적인 것.

말은, 마치 자신의 아름다움의 광채를 자신의 기원이기도 한 선험성을 향해 도로 비추려는 것 같다.

그런가 하면, 말 속에 깃든 선험성의 정도가 말의 포괄능력을 넘어서는 경우도 많다. 인간은 언젠가 있게 될 말을, 그리고 인식을 예감한다. 그때 언어는 한순간, 마치 몽유병자처럼, 미래를 향해 꿈을 꾼 것이다.

그러다 보면 선험성으로부터 분리되어 아득하게 추락해버릴 때도 있다. 그러면 우리는 왜소하게 위축된다. "말이 내 입에서 느리고 무거운 발걸음을 떼고 있는 사이, 내면의 생각은 섬광처럼 빠른 속도로 감정을 관통하는 느낌이 든다. 말이 힘겹게 앞으로 굴러가고 있는 동안에, 생각은 이미 자신의 고독한 주거지 안으로 돌아가버린다."(아우구스티누스)

선험성과 교감하며 인간은 자신을 넘어서는 영역으로 이야기를 건넨다. 그것은 인간의 추락이 시작되는 지점이다. 더 높은 영역과 접하는 이 순간은 인간에게 주어진 지극한 행운이다. 하지만 바로 다음 순간 인간은 다시금 지상으로 추락할 것을 두려워할 수밖에 없다. 인간의 상승과 추락은 언어의 모든 어휘 속에 나란히 공존한다. 언어는 끊임없이 상승과 추락이 반복해서 일어나고 있는 지점이며, 이런 움직임의 간극이 유발하는 불안의 기운이 언어 속에 스며 있다. 그러나 시인은 이 불안을 넘어서 노래한다. 상승과 추락은 시 속에서 하나로 녹아든다.

그런 이유로 인간의 언어는 광휘 아니면 곤궁, 둘 중 하나다. 물론 인간이 아직 선험성에 대해서 어떤 결정을 내리기 이전인 중간 차원이 존재한다. 언어는 바닥 없는 물과 같아서, 인간의 결정을 기다리는 동안 무한히 넓은 영역으로 확장된다.

4

말을 가장 정면으로 마주하는 것은 선험성이다. 그것은 우선적으로 말에 속하며, 말은 선험성에 의해 마주함에 익숙해진다. 그렇게 당신이란 말이 자연스럽게 받아들여진다. 선험적인 당신이 없다면, 그 말이 타인에게 적용되기 위해서 어떤 특별한 행위가 필요할 것이다. 선험성 속에는 상호교감하는 결속의 성질이 이미 구축되어 있다. 인간이 선험성을 외면해버린 채 오직 자기 자신의 언어로만 말하고 있는 오늘날, 말은 타인에게 정확하게 가닿기가 용이하지 않으며, 서로 스치며 비껴갈 뿐이다.

"생각은 자기 자신과 대화하는 것이다. 생각하는 사람은 그러므로 일인칭이자 동시에 이인칭이 된다."(야콥 그림) 선험성은 인간이 대화를 나누는 대상, 즉 이인칭이다. 인간과 인간의 대화는 모두 이 기초에서 시작된다.

각자 다른 인간들은 하나의 어휘를 각자 다르게 받아들인다는 것은 사실이다. "언어는 각자의 환상에 따라 제각각 다른 형상을 발견하게 되는 구름덩이다."(장 파울) 이 구름은 언어의 선험성인데, 한 인간이 "발견"할 수 있는 것보다 항상 더 많이 존재한다. 선험성의 "구름"은 강력하므로, 어느 한 인간의 환상 속에 머물지 않는다. 그럼에도 불구하고 인간은 서로를 이해한다. 선험성은 각 개인의 개별성 위에 드리워 있으며, 각자의 개별성을 연결해준다. 그리하여 선험성을 통해 선행-합의가 생성되는 것이다. "말의 그때그때 다른 의미와 불완전성 때문에, 오직 말로만 진술을 완료하기란 참으로 어려울 것이다."(로크) 더 이상 선험성에 기대지 않은 헐벗은 말들만으로는.

선험성은 인간이 최초로 만나는 대상이며, 다른 모든 만남은 이 만남에 기초를 두고 있다. 다른 대상과의 만남은 더 높은 경지와의 조우에서 시작된다. 만남의 특성은 사랑으로부터 온다. 선험성은 사랑으로 인해 인간의 말 속으로 들어왔기 때문이다.

말을 통하여 인간의 주관은 선험성과 연결된다. 선험성은 객관성이기도 하다. 이 객관성과 마주할 때 개인의 차이는 그리 중요하지 않다. 물론 차이가 존재하긴 하지만, 더 이상 결정적이지는 않다. 타인에게 대립항 역할을 하는 것이 삶의 목적은 아니다. 개인은 상대방과의 차이를 강조하면서 자동적으로 존재감을 얻는 것이 아니다. "나"라는 자아와 함께 객관성·선험성을 언어 속으로 가져오는 것이 삶이다. 인간의 주관이 객관성에 맞추어 형성되지 못한다면, 주관은 분명해질 수가 없으며, 질서로운 선명함을 잃고 말 것이다. 선험성의 폭에 맞추어서 자아는 자신의 영역을 제한한다. 오늘날 주관은 객관성을 향해 나아가는 것이 아니라 다른 주관을 지향한다. 객관성이 아닌 다른 주관에 스스로를 맞추려고 애쓴다. 주관은 이제 선험성을 향한 수직적 움직임을 멈추었고, 대신 다른 주관을 추구하는 수평적 움직임에 열중하고 있다.

다른 사람이나 사물들을 향해 나아가기 위해 인간은 어떤 지점, 하나의 베이스가 필요하다. 선험성은 가장 본질적인 베이스다. 이 베이스를 잃어버린 인간은, 외부로의 움직임에 선험성 대신 사용할 지지대를 확보하기 위하여 자신의 인성 자체를 분할하여 사용해야만 한다. 우리 시대의 정신분열적 측면, 즉 인성의 분열 현상은 그러므로 선험성으로부터의 이탈과 관련이 있다.

5

언어는 선험성에 의하여 단순한 필요의 차원을 넘어선다. 그럼으로써 언어는 비로소 인간적이 된다. 단순한 필요의 충족이 끝나는 지점, 바로 과잉이 시작되는 그 지점에서부터 인간이 존재하기 때문이다. 인간의 전체 구조를 규정하는 성격은 과잉이다.

그런 이유로 인해 베이직 언어인 에스페란토는 인간의 존엄에 어울리지 않는 산물이다. 의사소통을 위한 최소한의 필요를 충족시키는 선에서 그치고 마는 인공언어는 인간을 최소한의 세계, 축약된 세계로 이끌게 되며 그로 인해 인간 자체를 최소한의, 축약된 존재로 만들어버린다. 인공언어는 과잉으로부터의 이탈, 선험성이 보유한 과잉으로부터의 이탈이다. 인공언어는 자신만의 비낭비적인 직선주행에 몰두하면서, 도중에 멈추어 서는 일을 피하기 위해 아예 눈과 귀를 닫고 있는 것처럼 보인다. 그 언어로 말해지는 사물들 역시 삭막한 직선주행을 할 뿐이다. 그들은 아무것도 창조하지 못하는 존재다. 인공언어의 말은 선험성의 창조력에서 나오는 것이 아니라, 인공적으로 세워진 앙상한 골격으로부터 나온다. 인공언어에는 과잉이 결여되어 있으므로 침묵이 차지할 만한 광활한 공간이 따로 없다. 그래서 인간은 영문을 모른 채 인공언어로부터의 압박과 재촉에 시달리는 입장이 된다. 그리하여 인공언어는 경련과 정신병 등을 유발하는 요인이 되기도 한다. 인간 내면의 설명할 수 없는 내용들을 더 이상 에두른 침묵으로 표현할 수 없다. 단지 의사전달의 목적으로 만들어진 언어로는 그것이 불가능하다. 인간은 설명의 도구로 전락한다.

인공언어는 인간이 거기에 집어넣은 것 이상을 갖고 있지 않으며, 심지어는 그보다 더욱 빈약하기까지 하다. 그런 언어는 너무나 비유기적이고 기계적이어서, 자기 자신을 소진하는 법이 없다. 자동차의 구조가 한눈에 들여다보이는 것처럼, 그런 언어는 한눈에 들여다보이는 메커니즘을 갖는다. 인공언어의 뒤에는 아무것도 숨겨지지 않았다. 그것은 순수한 기호이며, 순수하게 소리의 표기일 뿐이다.

인공언어는 모든 공간을, 모든 시간을, 마치 압착기처럼 짜내서 폐기해버린다. 그것은 오직 순간만을 위한 언어다. 마치 순간만을 위해 일회적으로 임대한 것과 같다. 사람이 인공언어를 말한다. 하지만 말을 한 것이 아니라, 오직 하나의 기호를 내뱉었을 뿐이다. 그의 세계에는 언어뿐 아니라 사물들까지도 축약되어 존재한다.

선험적인 것들을 외면하면서, 인간은 이제 언어에 대한 부끄러움을 잊었다. 인간은 언어를 지휘하고, "루바(Ruwa)", "비바(Biwa)", "비박(Bewak)" 등으로 언어를 축약한다. 이런 식으로 인간은 언어와의 장기적인 관계를 상실한다. 단지 상징체계가 필요할 경우에만 언어를 불러오는 것이다.

인공언어만의 문제는 아니다. 전체성으로서의 언어는 더 이상 여기에 없다. 매 순간 일회적인 어휘로 발생했다가, 다시 사라져버리고 만다. 이런 언어는 선험성의 언어보다 훨씬 더 많은 착상을 포함하고 있다. 하지만 그 착상은 언어를 풍부하게 만드는 것이 아니라, 개인들 자신을 위한 표지(標識)에 가깝다. 자신이 말을 했음을 스스로에게 증명하는 기호에 불과하다. 그런 표지는 처음부터 선험성과 만나지 않는다. 그것은 오직 말만이 가능한 일이다.

라이프니츠는 보편언어를 창안하고자 했다. 그는 마치 몇몇 숫자기호들이 수학의 세계 전체를 표시하듯이, 소수의 언어기호를 이용해서 인간의 모든 사고를 표현하는 것이 가능하다고 생각했다. 하지만 그런 보편언어는 인공언어와 마찬가지로 단지 스스로에게 대답하는 형식만을 취하게 될 것이다. 그 어떤 새로운 세계도 열어 보이지 못할 것이다. 하지만 적어도 보편언어와 데카르트의 언어기계는 바로크적 충만함의 산물이다. 바로크의 현란한 언어로부터 탄생한 것이다. 그런데 오늘날의 인공언어는 우리들의 빈약함에서 기원한다. 그것은 축약된 인간의 언어인 것이다.

인공언어를 사용해서는 진리를 말하는 것이 불가능해 보인다. 단지 진술을 할 뿐이다. 진리는 진술의 영역을 넘어서서 본질적으로 과잉과 결부되어 있다. 진리는 과잉의 언어를 필요로 한다.

6

오늘날의 언어는 주관성의 언어다. 오늘날 언어를 체험하는 주체는 인간이다. 예전에는 언어가 인간을 체험했다. 언어가 인간을 말했다. 바로 그런 이유로 인간의 자유행위는 언어 속에서 의미가 있었다.

오늘날의 언어는 언어가 가진 것을 통해서가 아니라, 언어에게 주입된 것을 통해서 존재한다. 언어는 앞을 향해서 살아가고, 언어로 말해지게 될 것들을 기다린다. 이제 언어는 언어 이전부터 있어왔던 선험성으로 존재하지 않는다. 언어가 선험성과의 관계를 잃었으므로, 언어의 기원이 되는 충만함도 사라졌다. 오직 무작정 앞으로 나가는 것 이외의 다른 방향을 알지 못하는 언어는 폭력적이다.

오늘날의 언어는 어디에서도 멈추지 않는다. 선험성에 의해 멈추어지지 않는다. 오늘날의 언어는 높은 곳에서 아래로 내려앉는 것이 아니라, 대신 뒤에서 앞으로 밀고 나온다. 선험성을 향해서가 아니라 무제한성을 향하여.

오늘날의 언어는 보호받지 못한다. 선험성이 없으면 언어는 파손되기 쉬우며 쉽게 투과당한다. 모든 종류의 이물질이 언어 속으로 침입할 수가 있다. 그것은 오늘날 인간의 얼굴과도 같다. 인간이 체험한 모든 것이 인간의 얼굴 속에 그대로 침투하므로, 얼굴은 곧 체험의 등록장이 된다. 보존하지 말아야 할 것을 걸러주는 성분은 그 어디에도 없다. 모든 것의 투과를 허용한다는 점에서 언어는 평준화된다. 언어는 이제 그 자체로 점잖지 못한 것이 되었다.

한때 언어는 인간을 응시했다. 그러면 인간이 다시 언어를 응시했다. 오늘날 인간은 언어를 비스듬히 곁눈질한다.

선험성을 갖춘 언어에는 치유력이 있다. 그런 언어가 인간을 치유할 때, 인간이 스스로를 치유할 필요가 없다. 그런데 오늘날에는 언어 자체가 먼저 치유를 필요로 한다.

불멸은 유한하며 유한한 것은 불멸한다.
살아 있는 사람은 타인의 죽음을 살며,
죽은 사람은 타인의 삶을 죽는다.
(헤라클레이토스, 《단장(斷章)》, 62)

이 문장은 마치 사람이 아니라, 언어 자체가 말하고 있는 것만 같다. 그 시절 인간은 선험성이 언어와 대화하는 지점을 알고 있었고, 언어가 말하고 있을 때 언어를 급습했다. 이 문장에서 나오는 치유력은, 궁극적으로 모든 내용을 초월한다.

[2]

앞서 주어진 것

1

인간의 기본구조를 이루는 모든 요소는 앞서 주어진 것이다. 인간이 그것을 취하여 사용하기 이전인 태초부터 이미 인간을 위해 마련되어 있었다.

그러나 오늘날의 인간에게 중요한 것은 앞서 주어진 것이 아니라, 개인의 주관적인 경험이다.

앞서 주어진 것. 오늘날 인간은 뭔가가 자신에게 미리 주어져 있다는 사실을 상상하기 힘들다. 앞서 주어진 것은 고사하고, 지금 현재 주어지는 것조차도 없다. 대신 우리에게서 모든 것을 미리 취해간다. 우리가 그것을 소유하기도 전에 미리 가져가버리는 것이다. 우리는 사물이 우리 것이 되기 전부터 벌써 사물로부터 면제된 상태다.

믿음은 우리에게 앞서 주어진 것이다. 우리는 스스로 믿음을 갖기 이전부터 이미 믿음의 대상이었다. 인간은 자신이 대상이 되었던 그 믿음을 통해서 어떤 대상을 믿을 수 있다. 그런데 오늘날 사람은 매 순간 새로운 믿음을 성취해내야만 한다. 믿음의 세계가 부재한다. 그 세계에서는 개인이 함께 믿음의 대상이 되며, 설사 원하지 않더라도 모든 개인이 함께 믿음으로 만들어진다. 그러한 하나의 세계로서의 믿음이 부재한다. 아마도 이렇게 말하는 사람도 있으리라. 매 순간 스스로 직접 믿음을 쟁취해내는 것이야말로 인간의 영예라고. 왜냐하면 그렇게 믿음을 획득하는 일은 저절로 주어지는 믿음을 그냥 얻는 것보다 인간에게는 더 어렵기 때문에. 하지만 더 어렵다고 하여 항상 옳은 것은 아니다. 항상 긴장과 피곤을 요구하는 일은 인간의 기본구조에 반하기 때문에 옳지 않다. 인간이 언제나 깨어 있는 존재라면 장기적인 긴장도 인간에게 속한 속성일 것이다. 하지만 인간은 의식일 뿐만 아니라, 잠이며, 꿈이며, 또한 휴식이기도 하다. "잠자는 사람조차도 무슨 일인가를 하고 있으며, 이 우주 전체에서 일어나는 어떤 사건에 참여하고 영향을 미치는 존재다."(헤라클레이토스)

인식은 인간에게 앞서 주어진 것이다. "Cogito ergo sum(나는 생각한다, 고로 존재한다)"이라고 데카르트는 말했다. 그러나 프란츠 폰 바아더는 이런 말을 했다. "Cogitor a Deo, ergo cogito et sum(나는 신에 의해 생각되어진다, 그러므로 나는 생각하고, 나는 존재한다)." 생각이 생각되어지는 방식은, 인간의 외부에 있으면서 인간의 일에 참여하는 무엇인가가 있음을 암시한다. 정신이 인간의 통제력 아래에만 머문다면, 그처럼 중첩되고 복잡한 궤도를 그리지는 않을 것이다. 훨씬 더 단선적이고, 훨씬 더 재빠르고, 길을 잃고 헤매는 빈도도 훨씬 덜할 것이다. 하지만 그러면서도 모두 단 하나의 유일한 진리인 듯이, 마치 다른 진리란 전혀 없다는 듯이 행동할 것이다.

아마도 추상의 정신, 보편개념이란, 개별 개체를 넘어서려는 시도일 것이다. 모든 개별성을 초월하여 보편이기도 한 선험성과 만나려는 시도일 것이다. 그러나 선험성 자체는 개별적인 것에서 출발하여 자신을 넘어서려고 애쓰는 존재가 아니다. 선험성은 태초에서부터 보편이며, 개별 개체를 향해 하강하려고 노력한다.

인간이 서로를 이해하는 것은 앞서 주어진 것이다. 사람은 선행하는 이해 속에서 서로를 이해한다. 사람은 앞서 주어진 통일성 속에서 서로와 하나가 된다. 인간은 앞서 주어진 통일성을 향해 말을 하며, 서로의 이해를 바탕으로, 그 통일성에 도달하기 위해 애쓴다.

세계에는 인간이 끊어낼 수 있는 것 이상의 결합력이 존재한다. 결합력은 앞서 주어진 것이다. 인간이 파괴할 수 있는 것 이상의 결합력이 인간 속에 내재하지 않는다면, 인간은 스스로의 존재가 만들어내는 역학에 의해 파열되고 말 것이다.

만약 인간을 위해서 앞서 행해진, 위대한 용서의 선행이 없다면, 인간은 결코 타인을 용서할 수 없을 것이다. "인간은 자신이 생각하는 것보다 더 많이 보호받고 있으며, 스스로에게 할 수 있는 것보다 더 많은 호위의 그늘 아래 있다. 선행하는 위대한 용서가 인간의 모든 행위 위에 드리워 있다. 아침에 잠에서 깨어나는 6시부터, 저녁에 잠자리에 드는 10시까지, 얼마나 많은 끔찍한 생각이 인간의 영혼과 정신을 관통하는가. 인간은 그런 끔찍한 상상을 모두 실천에 옮길 능력이 없다. 인간은 자기 자신의 공격성으로부터 보호받고 있기 때문이다. 우리는 우리가 알고 있는 것보다 더 많이 구원을 받는다."(《파괴된 파괴할 수 없는 세계》)

인류의 원죄 이후로 악은 인간에게 주어진 것이다. 원죄 이후로 행해진 모든 악의 형상이 개별적인 악 속에서 모습을 드러낸다. 인간의 개인적 악은 원죄로 인해 이후 인간에게 침투한 악과 사악한 경쟁을 벌인다. 하지만 오늘날에는 모든 악한 행위가 인간에게 미리 주어진 원죄 때문에 나오는 것이 아니라, 개개인이 지금껏 존재하지 않았던 자신의 악을 창조해내는 것처럼 보인다. 예전에 어느 한 인간이 악하다면, 그것은 그가 이 세상에 있는 악의 일부분, 앞서 주어진 악이자 원죄의 일정 부분에 관여하기 때문이었다. 하지만 오늘날 인간이 악하다는 것은 의미가 다르다. 그에게 어떤 악도 앞서 주어지지 않았고, 대신 그 스스로가 자신의 인성과 개성을 통해 악이란 개념을 최초로 도입하기라도 한 것처럼 이해된다.

죽음은 인간에게 앞서 주어진 것이다. 인간은 "자신의 죽음"을 죽는 것이 아니라, 그 죽음과 함께 그에게 앞서 주어진 죽음을 죽는 것이다. 죽음이 미리 주어지지 않았다면, 죽음은 개인을 기습하는, 훨씬 더 격렬한 사건일 것이다.

"아버지"는 인간에게 앞서 주어진 것이다. 그것은 신-아버지의 형태로 주어졌다. 그래서 아버지는 부성적이며, 아버지로서의 권한을 갖는다. 부성은 모든 구체적인 가족의 창조행위에 앞서는, 선행하는 창조력이다. 부성은 모든 구체적인 경고에 앞서서 아이들에게 주어지는 경고, 선행하는 경고다. 모든 것을 초월하는 아버지, 모든 것의 아버지 안에 있는 부성은 이것이 가능하다.

보호하고 돌보는 존재인 모성은 인간에게 앞서 주어진 것이다. 어머니는 돌봄과 보호의 사유가 발생하기 이전에 이미 선행하는 돌봄, 선행하는 보호다. 어머니가 있음으로 해서 비로소 돌봄과 보호가 생겨난다. 이 세계에는 모든 어머니들을 다 합한 것보다 더 많은 모성이 존재한다. 모성은 어머니들에게 앞서 주어진 것이다. 어머니들은 자신에게 앞서 주어진 모성으로 인해 모성적이다.

인간은 자기 자신에게 앞서 주어진 존재다. 인간이라는 현상 안에는 인간 자신이 실현할 수 있는 것 이상의 인간성이 들어 있다. 선험성으로 인해 나타나는 이 초과분 때문에, 비로소 인간의 외형이 모습을 갖추게 된다. 선험성은 인간의 형상을 투명하게 만든다. 선험성의 시선에 의해 형상은 투과되고, 그로 인해 투명하다. 선험성에는 신성함이 있으며, 인간의 형상에도 마찬가지로 신성함의 흔적이 있다. 그것은 경악인 동시에 행복이다.

인간의 형상은 아주 낯설고 이상하게 보인다. 하지만 다음 순간, 사람은 그것이야말로 사람의 모습임을 알게 된다.

인간은 앞서 주어진 사랑으로 사랑을 한다. 그는 사랑하기 이전에 사랑을 받는다. 하지만 모든 "앞선" 것과 "나중" 것은 사랑 안에서 나란히 병행한다. 사랑은 자신 안에 깃든 선험성을 따라잡기 때문이다. 앞서 주어짐, 하지만 모든 앞서 주어진 것에 앞서서 있음, 이것이 바로 사랑의 모순이다. 마치 미리 주어진 것은 이 세상에 없다는 듯이, 오직 사랑이 태초부터 항상 거기에 있어왔다는 듯이.

"사랑은 우리의 머리 외부에서 어떤 사물이 현존함에 대한 진정한 존재론적 증명이다."(포이에르바흐)

'우리의 머리 외부'에 있는, 즉 사랑과 마찬가지로 객체적인 어떤 하나의 현상이 이런 존재론적 증명을 제공해준다. 그것은 바로 언어다.

"나는 당신을 사랑합니다." 이 문장이 말해진다면, 그것은 나의 사랑뿐만이 아니라 당신의 사랑도 함께 말해진 것이다. 자아는 타자를 위해 사랑하며, 자아의 사랑과 타자의 사랑을 분리하여 생각하지 않는다. 주체인 자아와 객체인 당신이 "사랑합니다" 속에 나란히 놓여 있다. "사랑합니다"는 오직 한 번만 등장하지만 주체이며 객체, 동시에 술어의 역할을 한꺼번에 수행한다. 그리고 매 순간 "나"와 "당신" 그리고 행위인 "사랑"을 모두 생성해낸다.

2

한 인간은 다른 인간을 향해서 움직인다. 자기 스스로에 의해서 움직이는 것이 아니라 더 높은 존재, 선험성에 의해서 움직인다. 아버지로서, 어머니로서, 사랑하는 이로서, 그리고 용서하는 이로서. 선험성이 작용하는 움직임은 그렇지 않은 움직임과 달리 다층적이다. 선험성이 없는 움직임은 단층적이고 앙상하며, 움직임이 시작되기도 전에 이미 목표점에 도달해버린 상태다. 그 안에는 다층적인 내면의 공간, 인간이 자기 자신의 집인 동시에 자기 자신의 비밀이 되는, 그런 장소가 결여되어 있다.

선험성과의 지속적인 접촉으로 인해 인간은 스스로 깨닫지 못하는 사이에 연결을 형성하게 된다. 그것은 연속성과 신뢰, 사랑을 위한 기초다.

이 모든 객관성들은 …… 변함없이 계속 통용되는 존재의 의미를 갖는다. 심지어 실제로 인식을 행하는 주체와 주체의 행위를 넘어선다는 특별한 의미에서 객관적 타당성을 갖는다. 반복 속에서도 동일성을 유지하고, 불변의 존재라는 양태로 매번 다시 인식된다. 그것은 객관적으로 지속되며 모든 이를 위해 현존한다. …… 아무도 그것에 대해 생각하지 않더라도, 그것의 현존은 계속된다(후설,《형식논리학과 선험논리학》).

3

인간에게는 도저히 이해할 수 없는 것, 영원히 입을 다물 수밖에 없는 것이 있다. 이것은 선험성에 부합한다. 인간의 침묵은 이 이해할 수 없음에 관한 침묵이다. 이성으로 명백하게 설명 가능한 것들은 인간의 일에 속한다. 설명할 수 없는 것은 인간이 아닌 신의 몫이다. 하지만 인간도 그것에 참여할 자격이 있다. (그래서 오늘날 인간은 자기 스스로가 낯설다. 인간이 참여해야 할 세계, 인간이 설명할 수 없는 것과 만나는 침묵의 세계가 부재하기 때문이다.) 인간이 이해할 수 없는 것과 마주칠 때, 그것은 종종 자기 자신과의 마주침이다. 인간은 말을 이용해 진입할 수 없는 미지의 영역을 자신 안에서 발견한다. 그렇기 때문에 인간은 앞으로 자신이 어떻게 될지 알지 못한다. 이해할 수 없음은 그것이 목적하는 미래, 보관된 상태의 허물을 벗고 마침내 정체를 드러낼 미래의 시간을 암시한다. 사물과 인간 속의 이해할 수 없는 것은 서로가 서로에게 속해 있다. 홀로 남겨지자마자, 이해할 수 없는 것들은 서로 대화를 나누기 시작한다.

바울은 말했다. 자신은 말할 수 없는 말, 인간의 입으로는 소리 내어질 수 없는 말을 들었노라고. 이 말할 수 없는 말은 인간의 말과 인간의 침묵에 앞선 말이다. 그것은 창조주에 대한 말할 수 없음이다. 하지만 인간의 인식될 수 없음, 즉 인간 속에 있는 창조주의 흔적과도 일치한다. 모든 말할 수 없는 것들이 이 흔적을 향해서 "말을 건넨다". 이때 인간은 잠시 동안 그 자신의 존재 뒤로, 이성의 뒤로, 말의 존재 뒤편으로 물러나 앉는다. 잠시 동안 언어는 무효가 되고, 언어는 스스로의 뒤편으로, 스스로의 말과 스스로의 침묵 뒤편으로 물러난다.

말할 수 없는 것으로부터 나온 그 무엇이 말할 수 있는 것, 이해 가능한 것을 제지한다. 이해 가능한 것 위에 환하게 켜진 등불이 말할 수 없는 것의 짙은 그림자에 가려 눈부신 밝음을 잃는다. 이것이 바로 합리주의의 암울한 면이다. 합리주의에는 말할 수 없는 것이 존재하지 않는다. 따라서 미래에 자신의 정체를 드러내기 위해 보관하는 것이 하나도 없으며, 모든 것이 단번에 결정 나버린다. 그래서 합리주의는 지루하다. 말할 수 없는 것은 인식하는 인간에게 한계를 만들어준다. 하지만 그 한계성이 바로 인간의 본질이다.

4

모든 피조물, 자연 전체가 인간을 향해서 밀려온다. 그들은 선험성이 효력을 발휘하는 근처에서 머물기를 원한다. 그래서 그들도 함께 그 효력을 느끼기를 원한다.

바다는 수평선에서 하늘과 닿을 때까지 팽창을 거듭한다. 그리하여 마침내 거의 더 이상 바다가 아닌 존재로까지, 오직 드넓음과 아득함 그 자체로 변할 때까지 자신을 확장한다. 하지만 거기에 갑자기 사람이 탄 배가 지나간다. 무한하게 넓어지는 수면 위로 한 줄기 선을 그어 진정시킨다. 그러면 바다는 아득함으로부터 물러나 되돌아온다. 사람과 배가 있는 그곳에 머물기 위하여.

태풍이 휘몰아치는 숲은 자신을 활짝 열어젖혀서, 나무들은 오직 심연의 가장자리에 간신히 매달려 서 있는 듯 보인다. 그런데 두 남자가 숲을 통과하여 지나간다. 서로 대화를 나누면서. 숲은 두 남자의 목소리를 반드시 불러내야만 했다. 이제 숲은 조용해진다. 그리고 남자들의 목소리에 조용히 귀 기울인다.

인간이 선험성과 더 이상 아무런 관련을 맺지 못하면, 자연도 인간으로부터 떨어져나가려고 한다. 산들은 어두운 벽으로 변해버린다. 그 벽 뒤편으로 산들이 달아난다. 바다는 단지 평평한 수면이 되어버린다. 심연이 그 아래에 갇혀 있다. 새들은 그 위로 높이 날아간다. 하지만 새들이 날고 있는 공간은 그들 아래에 펼쳐진 심연의 거울상과도 같다. 갑자기 새들이 비명을 터뜨린다. 마치 보이지 않는 심연의 벽에 충돌하기라도 한 것처럼.

[3]

언어의 탄생

1

구약성서에서 신은 인간과 직접 대화를 나눈다. 그것은 마치 신이 인간과 함께 언어를 연습하고 있다는 인상을 준다. 인간은 말하는 존재가 아니라, 말해지는 존재다. 인간은 이야기되었다. 말은 허공에 매장된 채로 머물러 있었고, 공간이 스스로 말을 했다. 인간은 허공에 깃든 신의 말을 호흡했다. 말은 법이었다. 법을 실행하면서, 인간은 신과 말을 했다. 그 실행은 인간의 대답이었다. 인간은 법에 복종했다. 즉 인간은 언어를 가졌던 것이다.

이후 인간은 법을 떠났다. 그리하여 언어가 인간을 떠났다. 어둡고 위협적인 광채가 여전히 법으로부터 발산되고 있다. 인간이 떠나버린 그곳, 뭔가가 빠져나간 채로 휑하게 텅 비어버린 그곳을 어두운 광채가 채우고 있다. 그리고 불길한 빛을 내뿜으면서 우리를 위협한다.

신이 더 이상 언어로 말하지 않으므로, 언어는 텅 비었다. 인간의 언어는 이 신성한 공허를 둘러싸고 움직인다. 진실한 시간은 신이 말을 했던 바로 그 순간과의 격차로 측정된다. 이후로 언어는 역사를 갖게 되었다. 성스러운 일들이 언어를 통해 말해졌고, 언어는 아직도 그 사실에 기대어 살아간다.

그리고 이성이 인간에게 왔다. 모든 말들이 이성으로 모여들었다. 그리고 이성으로부터 출발한 말이, 마치 방금 창조된 듯이, 인간에게 왔다. 더 이상 말에 대한 두려움은 없었다.

말과 사물이 합일을 이루던 시절, 말이 사물을 나타내는 기호가 아니라 **사물 자체**이던 시절, 사물이 단지 거기 있음 하나만으로 자신을 간단히 명명하던 시절, 그 시절에 언어의 문제는 존재하지 않았다. 말은 사물 속에, 사물은 말 속에 흡수되었다. 하나는 다른 하나의 내부에 간직되었다.

말과 사물 사이의 합일이 파괴되자, 그 파괴 자체가 세계의 새로운 사물이 되었다. 그것은 새로움이란 광폭함을 가지고 등장했다. 모든 것이 함께 부수어졌다. 최초의 파괴로 인하여, 모든 것이 존재하기도 전에 앞서 파괴되었다. 말은 그것이 지칭하는 사물로부터 깨어져 나왔다. 말은 사물로부터 고립되었고, 이제 사물을 찾아 나서야만 했다.

합일의 파괴로 인하여 공간도 저 스스로 부수어졌다. 인간에게는 한계가 생겼다. 이제 조각조각 파괴된 공간에서 사방은 하나의 경계선으로 변했다. 시간도 마찬가지로 부수어졌으므로, 인간에게는 죽음이 생겼다. 하지만 인간은 스스로를 분할하는 시간에 의하여 역사를 얻었고, 언어도 역사의 한 부분이 되었다. 언어는 자체의 역사, 변형을 갖게 되었다.

"언어는 타인을 위한 현존이다. …… 언어의 문제가 있기 위해서는, 우선 타인이 먼저 존재해야 한다."(사르트르) 아니다, 언어의 문제는 원죄와 함께 시작되었다. 그때 언어와 사물이 분리되어버렸기 때문이다.

타인의 문제 또한 원죄와 함께 시작되었다. 원래 사랑이라는 세계 안에서 나와 타인의 구분은 없었다. 그러나 원죄가 발생한 다음에는 나 아닌 인간이 더 이상 사랑 안에 우선적으로 포용되지 않았다. 그래서 타인이 생겨났다.

　말과 사물이 낙원의 합일 속에 머물 때, 그 안에는 위험이 도사리고 있었다. 인간은 자신을 사물과 충분히 구분 짓지 않았다. 동물과 사물이 인간의 앞에 있을때, 그들은 언어 자체였으므로 인간은 그들을 이해했고 그들의 언어도 이해했다. 하지만 그 때문에 인간은 사물과 동물 들과 쉽게 뒤섞여버릴 위험에 처했다. 처음에는 말이, 그리고 말과 사물의 결별이, 인간을 사물과 동물 들로부터 확실하게 분리해냈다.
　그럼에도 불구하고 말로 하나의 사물을 완전하게 감싸고 둘 사이의 합일을 다시 구축하는 것은 오늘날에도 가능하다. 하지만 원죄 이후로 인간은 자신이 먹을 양식뿐만 아니라 자신의 말까지도 직접 땀을 흘려 수확해야만 한다. 합일을 이루는 것에 성공한다면, 그것은 사람이 분리의 역사로부터 끌어올려져, 시간과 공간 저편에 있는 세계로 건너간 것이다. 그곳에서 인간은 말과 사물과 함께 고립되어 머문다. 하지만 그 고립은 놀라운 낙원의 시작을 알리는 고립이다.

　때로는 사물이 악마적인 탐욕을 가지고 말을 집어삼킬 것만 같다. 그래서 언어가 사물 안에서 그대로 중단되어버릴 것만 같다. 인간은 사물에게 언어를 빼앗겨버리지 않을까 하는 공포를 갖고 있다. 그래서 인간은 끊임없이 이야기한다. 감히 침묵을 시작할 용기가 없다. 원죄 이후로 인간은 불안하다.

때로는 사물이 자신을 지칭하는 말을 집어삼키는 것이 아니라, 아예 짓밟아버리는 것만 같다. 그래서 마치 원래부터 사물에는 그 어떤 말도 없었던 것처럼. 말이 없으면 사물은 단지 위협적인 물건에 지나지 않는다. 아프리카의 우상이 한 예다. 인간을 겁주면서 인간 위에 군림하기 위해, 모든 말을 자기 안에서 으깨고 부수어버린 우상.

많은 조각품들에는, 예를 들자면 9세기와 10세기의 상아인물상, 로마네스크 양식의 조각상 들에는, 실제로 말을 집어삼킨 듯 보이는 것들이 있다. 말을 빨아들여버린 것들, 하지만 깊이 묻어버리지는 않았다. 말은 밑에서부터 올라오는 것처럼 얼굴 표면을 향해서 깃든다. 얼굴을 편평하게 만든다. 얼굴 피부는 마치 침묵의 망토처럼 얼굴 위에 드리운다.

아예 처음부터 말이 투과해 들어갈 수 없는 대상들도 있다. 에트루리아의 도시나 미케네의 거대 석벽들이 그 예다. 그들은 인간 속에 있는 침묵하는 자를 향해서 침묵한다. 벽의 침묵과 인간 속의 침묵하는 자가 하나가 된다. 그 벽 앞에서 말을 할 때, 인간이 아직도 말을 갖고 있다는 사실이 기적으로 느껴진다. 동시에 인간은 약간의 공포심도 느낀다. 인간은 지금 벽 앞에 있다. 하지만 인간 존재가 발생시킨 것, 즉 말은, 이 벽과 비교할 때, 마치 없는 것과 같다. 혹은 우연히 거기 있는 것이나 마찬가지다. 그처럼 간신히 존재하는 수준일 뿐이다.

2

언어가 인간의 공동행위의 산물이라는 주장은 잘못된 것이다 ("인간 언어의 소리는 공동행위에 동반된 의사 표현에 그 기원이 있다."[루드비히 느와레,《언어의 기원》]). 그렇다면 자신들 나름의 공동행위를 하는 동물들도 언어를 가져야 한다.

말이 몸짓에서 나왔다는 주장도 잘못된 것이다(콩디야크, 멘 드 비랑, 베르그송). 몸짓은 말과는 완전히 다른 별개의 영역에 속한다. 몸짓은 몸짓을 유발시킨 충동으로부터 분리되지 못한 상태이며, 충동과 뒤섞여 있고, 충동의 일부다. 몸짓은 대개 하고자 하는 의지를 표명한다. 그에 반해서 말은 있음, 전체로서의 존재를 표명한다. 그것은 존재의 일부에 불과한 단순한 의지 표명과는 구분된다. 말의 성분은 충동적인 의지가 아닌, 존재적인 것이다. 말은 비범한 존재라서, 심지어 존재 자체를 생성하기도 한다. 반면에 몸짓은, 다른 현상에게 제공할 만큼 풍부한 존재성을 갖고 있지 않다. 몸짓은 피상적으로 지나가버리는 일시적인 스침이다. 몸짓은 현존하지 않는다.

인간이 몸짓에서 출발하여 여러 단계를 거쳐 언어에 도달할 수는 없었을 것이다. 몸짓은 구원되지 못한 뭔가를 갖고 있다. 몸짓은 분명히 구원되지 않은 어떤 것이다. 그리하여 어떤 특별한 창조적 행위를 통해서만이 몸짓에서 자유로운 것이 나올 수 있다. 말과 몸짓을 나란히 놓고 보면, 골상학적 관점에서 이미 차이가 느껴진다. 말은 투명하고, 자유로우며, 주권적이다.

말은 자기 스스로를 넘어서 상승하며, 모든 것을 앞서서 나아간다. 단지 말의 기원인 침묵만은 예외다. 그에 반해서 몸짓은 부자유스러우며, 구원되지 못했고, 자신을 표현하는 수단인 재료들과 전적으로 뒤섞여 있다. 몸짓은 재료들 속에 머물며, 재료들과 결속되어 있다. 몸짓은 말 속에 깃든 정신과 달라서, 자유로운 상태로 재료들에게 접근할 수 없다. 어린아이에게는 분명 몸짓이 말에 앞서서 등장한다. 하지만 그 순서는 결코 본질적이 아니다. 중요한 점은 언젠가 반드시 말이 아이에게 출현한다는 것, 마치 몸짓이 말에 선행하지 않았다는 듯, 그렇게 말이 출현한다는 것이다. 아이에게 말보다 몸짓이 선행한다는 사실은 중요하지 않다. 몸짓으로부터 해방되는 창조적 행위가 모든 아이에게서 일어난다는 것이 중요하다(《침묵의 세계》).

순수하게 언어의 관점에서 본다면, 말은 침묵으로부터 튀어나와서, 불현듯 어느 한순간에 거기 현존한다. 발생과 현존은 하나다. 그런 점에서 언어는 차츰 발전한 것이 아니라, 불현듯 어느 한순간에 단 한 번의 동작에 의해 창조된 것이다. 인간이 서서히 만들고 생성해낸 것이 아니라, 이미 완성품의 형태로 인간에게 주어진 것이다.

갑자기 세상을 보게 된 장님은, 지금 눈앞에 있는 세상의 모습 속에 자신이 암흑 속에서 그려보던 모든 이미지가 스며들어 있다고 느낀다. 한 인간이 침묵으로부터 가져온 하나의 말에는, 말 이전에 발생했을 수도 있는 다른 모든 것이 스며들어 있다.

언어가 동물의 소리를 모방하여 생겨났다고 하는 주장도 있다. 그러나 동물이 내는 울부짖음은 인간의 말과는 달리 새로운 것을 창조해내는 행위가 아니다. 울부짖음은 일차적으로 동물에게 속한다. 울부짖음은 동물의 몸, 동물의 움직임과 동일하다. 동물은 어디서나 울부짖는 존재다. 동물은 울부짖음에 의해서 찢기고 열린다. 울부짖음은 동물의 파열에 불과하다. 호랑이의 얼룩무늬 가죽은 피부를 뚫고 분출해나온 울부짖음을 연상시킨다. 동물의 형상, 행동, 울부짖음은 하나다. 그 모두는 동물에게 완비되어 있으며, 모두 동물의 본질 안에 갇혀 있어서, 말을 통해 자신을 넘어서지 못한다. 동물이 울부짖는 것은 자신을 찢어발기면서 말을 찾고 있는 듯 보이기도 한다. 하지만 말은 발견하지 못하고, 동물은 계속해서 자신을 찢는다.

폴리냐크 추기경은 오랑우탄에게 이런 말을 했다고 전해진다. "말해라, 그러면 내가 너를 축복하리라." 추기경의 이런 말은 인간과 동물 사이의 유사성이 아니라, 이질성을 증명한다.

"언어는 무한함을 가르는 가장 섬세한 분할선이다. 혼돈의 질산이다. …… 말없는 동물에게 이 세계는 하나로 고정된 인상이다."(장 파울)

인간의 언어는 자신만을 위한 것이 아니다. 그것은 동물을 위한 것이기도 하다. 인간은 언어로 동물을 보호하는 목자다.

3

인간이 자연과 동물의 소리를 흉내 내는 중에 자연스럽게 언어가 생겨났다고 하는 주장도 있다. 하지만 사람이 자연의 소리에 의미를 부여한다면 그것은 이미 사람에게 언어가 있었다는 뜻이다. 인간 언어의 소리가 자연과 동물에게서 유래한 것이 아니라, 자연과 동물의 소리가 인간에게 적극적으로 밀고 들어왔다. 낮은 창조의 단계는 더 높은 창조의 단계로, 즉 인간을 향해 밀고 올라간다. 새들은 말할 수 없기 때문에 노래하는 것이 아니다. 노래 자체가 일차적으로 새들에게 속하기 때문에 노래한다. 하지만 그 노래는 인간의 말 언저리를 배회하는 노래다.

 시냇물 소리. 규칙적으로 반복되는 시냇물의 동일한 웅얼거림 안에는, 인간의 말과 닮게 되는 그 지점에 도달하고픈 오랜 염원이 들어 있는 것은 아닐까? 하지만 시냇물은 체념 속에서 스스로를 달랜다. 말을 얻지 못한 채 홀로 머물러야만 한다고 끊임없이 웅얼거린다.

 천둥소리. 모든 자연의 소리는 파열되는 것처럼 들린다. 음절을 조합하여 말로 만드는 절차를 모르기 때문이다. 그리고 천둥이 지나간 다음의 침묵. 짧은 한순간 마치 그 침묵에서 말이 탄생할 것만 같다. 하지만 갑자기 한 마리 새가 침묵을 관통하는 노래를 선사한다. 그리고 이어서, "아!" 하는 감탄의 소리가 들린다. 새의 노래에 홀린 인간이 분출한 말이다.

인간의 말의 탄생. "피조물은 단 한 가지, 자신이 만들어졌다는 사실을 알지 못한다. 그것은 다른 존재가 아니라 오직 피조물 자신에게만 숨겨진 사실이다."(야콥 뵈메)

[4]

말과 소리

1

정신의 탁월함은, 아주 극단적으로 상반되는 것, 즉 소리와 연관되어 있다는 점이다. 자신의 대치점에서, 소리가 둔하고 불확실하게 퍼져가는 그 지점에서, 정신은 명료해지며, 소리 자신도 비로소 말로 분명하게 태어난다. 무한히 열린 영역으로 확장되던 소리는 비로소 자기 자신으로 되돌아오며, 한계를 분명히 해주는 정신에 의해 한계 안으로 수렴된다. 그리하여 소리의 외부 확장은 내부로, 정신 내부로의 확장으로 전환된다.

그 대치점에서, 소리에서, 소리가 복종하는 지점에서, 정신은 생기를 얻으며 소리는 정신에 의해 포착되고 길들여진다. 소리는 방어하고 달아나보지만, 결국 정신에 의해서 붙잡히고 만다.

소리는 질료에 가깝다. 이해하지 못하는 언어로 말하는 것을 듣고 있으면 이 사실이 명백해진다. 뭔가 부피를 가진 것이 눈앞에 놓여 있는 듯하다. 부피를 가진 것 안에서 정신이 작동하고 있다. 정신은 말을 통해서, 그득하게 쌓인 소리의 무더기에 일정한 한계를 만들려 한다. 만약 이해할 수 있는 언어라면 사람은 그 안에서 소리와 정신의 대치를 떠올리지 못한다. 그 정도로 완벽하게 소리는 정신 속으로 스며들어버린다.

말 속의 정신은 돌발적으로 소리를 제압한다. 그 돌발성은 창조행위, 즉 정신의 돌발성이며 즉시성이다.

모든 언어는 유사하거나 동일한 자음과 모음을 사용하여 각각의 말을 만든다. 여기서 소리를 말로 조합해주는 것은 정신이다. 그리고 그 말은 모든 언어마다 제각각 다르다. 정신은 동일한 소리의 질료를 가지고 각각 다른 언어를 생성해낸다. 정신은 그 정도로 탁월하다.

"우리의 입이 불어내는 가벼운 입김이 곧 세계의 그림이자 사고와 감정의 전형이 된다. 지상의 인간이 인간의 것이라고 여겼던 모든 것, 원했던 것, 행동하게 될 것 들이 모두 살짝 움직이는 한줌의 공기에 달려 있다."(헤르더) 이 "한줌의 공기"는 말에 매달린 것이다. 그것은 정신에 의해 움직이기를, 정신에 의해 자신을 느끼기를 원한다.

소리의 내부에는 정신의 지배를 위해 대기하는 성질이 있다. 소리가 그러한 성질을 가장 세련된 방식으로 드러내는 것이 음악이다. 정신에서 소리라는 질료는 아래로 가라앉는다. 그리하여 마치 없는 것과 마찬가지가 된다. 소리의 질료는 정신의 가운데를 헤치고 지나가는 것이 아니라, 정신을 관통한다. 그리하여 정신을 순수한 정신으로 남아 있게 만든다. 소리는 말의 정신 안에서 죽는다. 그리고 동시에 정신으로 다시 부활한다. 소리의 소멸은 인간의 소멸, 인간의 죽음에 대한 암시다.

소리는 사방으로 흩어지며 사라진다. 그러나 정신은 소리가 사라지는 모든 곳에서 소리의 상공에 머문다. 정신의 편재는 소리의 소멸을 상쇄한다.

그리하여 정신과 가장 덜 화합할 것으로 보이는 소리가, 마치 가장 우선적으로 정신에 속하는 대상인 양 말의 내부에 깃드는 것이다. 이렇듯 서로 반대되는 두 요소의 합일은 인간의 힘만으로는 영영 이룰 수가 없었을 것이다. 그것은 언어의 신적 기원을 증언한다.

2

모든 소리는, 설사 아직 정신의 침공을 받기 이전의 소리라고 해도, 이미 정신에게 제압당해버린 말 속의 소리와 함께 공동의 운명을 이루며 제압당한 상태다. 자연의 소리, 짐승의 울부짖음이 여기에 해당한다. 말에 들어 있는 소리는 대리적이다. 아직 정신과 화합하지 못한 모든 질료들을 대리한다. 그것은 어느 날 모든 상호 이질적인 것들이 서로 하나로 연결되리라는 신호이자 약속이 아닐까? 소리와 정신의 합일은 창조의 시원에서부터 솟아나와, 서로 분리된 사물들의 세계로 진출한다.

소리는 정신으로 전환되는 능력을 통해, 정신에게 질료와 자연을 전달할 수 있다. "Welle(파도)"에 들어 있는 철자 W는 글자 속의 파도를 더욱 요동치게 한다. "Hauch(숨결)"에 들어 있는 H는 숨결을 더욱 솟아오르게 하고, "fest(견고한)"와 "hart(딱딱한)"에 들어 있는 철자 t는 글자를 더욱 견고하고 딱딱하게 만들어준다.

소리가 정신에 깃듦으로써 야기되는 효과들. 소말리 언어에서 동사의 여러 시제는 단어의 톤이 높고 낮음으로 표현된다. 중국어에서는 하나의 단어가 어떤 성조를 갖느냐에 따라 각각 다른 의미를 띠게 된다.

아플 때 나오는 소리 "오(O)" 혹은 "이(I)"는 글자에서 소리적인 것, 자연에서 유래한 성격을 강화한다.

고통! 고통! 고통! 고통! —
오호 악령이여, 너의 끝은 어디란 말인가?
(휠덜린, 〈오이디푸스 왕〉)

이 시를 보면, 마치 고통이 정신에 자리 잡은 요소가 아니라 자연 속 한 공간을 차지하는 것 같다. 고통의 소리인 "오"와 "이"에 의해 자연은 호출된다. 고통을 겪는 정신은 자연 속에서 용해되어버리기를 바란다. 혹은 자연을 자신의 곁에 보호자로 두고 싶어한다.

갑작스런 아픔을 느낄 때 경악의 외침이 터진다. 인간이 외침이라는 질료 속으로 스스로를 삼켜버린다. 혹은 외침이란 질료 속으로 사라져버리기를 원한다. 인간은 그런 외침 속에서 살아 있는 죽음을 죽는다. 종종 인간은 외침에서 빠져나오는 데 성공하기도 한다. 그리하여 자기 스스로와 삶을 되찾는다.

말의 정신에 깃든 소리로서의 소리. 그럼에도 불구하고 언어는 의성이 될 수가 없고, 소리의 그림이 아니며, 사물로부터 직접 발생할 수가 없다. 의성어는 소리를 재현하는, 단 하나의 성질만을 갖는다. 의성어는 부수적인 성격에 불과하다. "까마귀"는 까마귀의 까옥거림 이상의 것을 포함한다. 만약 그 단어가 오직 사물의 음향적인 요소만을 표현한다면, 그것은 사물에게 종속되어버릴 것이다. 사물의 다양성을 표현하는 것은 말-소리의 다양성일 뿐, 하나의 발음으로 사물의 전체적인 다양성을 묘사할 수 있는 정신의 다양성은 아니게 된다. 그러면 정신은 사물을 따라가야 할 것이고, 사물 자체를 소리로 흉내 내기에만 급급할 것이다. 그리하여 정신이 자신의 탁월함을 상실해버린다면, 정신은 더 이상 정신이 아닐 것이다.

하지만 소리는 말로부터 이탈하여 자신을 자연의 사물과 직접 연관시켜버리는 악마적인 능력을 갖추었다. 소리는 정신의 지배를 뿌리치고 나와 도리어 정신을 자신의 하급 수행꾼으로 전락시켜버릴 수도 있다. "주술적인 풍습에 관하여 잘 아는 전문가들은 말한다. 하나의 방언을 사용하는 집단에서 저주의 주문으로 효력이 있던 말도, 임의의 다른 언어집단으로 옮겨가게 되면 그 힘을 상실한 채 무력하게 되는 현상이 목격된다고. 그러므로 어떤 효력을 불러일으키는 내적인 능력은 사물을 지칭하는 소리 자체에 있는 것이 아니라, 소리와 어휘의 성격이나 특색에 있는 것이다."(오리게네스,《켈수스에 대한 반론》)

원시적인 인간은 문명화된 인간보다 말을 하면서 몸을 더욱 격렬하게 움직인다. 그는 말한다는 행위에 의해서 더 많이 동요되며, 이 동요의 파장 속에서 모든 질료가 정신이 있는 곳으로, 언어의 근처로 몰려간다. 육체 전체가 말을 향해서 움직인다. 모든 질료와 모든 근육이, 정신이 소리를 비롯한 다른 질료들과 화합하는 과정에 동참하고 싶어한다. "원시인이 억양과 음운의 변화, 흉곽의 움직임, 몸짓 등 육체 전체를 사용해서 전달하는 내용을 문명인은 문장구조로 전달한다."(포슬러)

말을 막 배우기 시작한 아이의 언어에는, 말에 속하지 않는 어떤 것이 말 속으로 침입하려는 기색이 스며 있다. 그것을 되밀어내는 정신은 아직 확고하게 자리 잡지 않았다. 정신은 이제 겨우 소리를 살짝 건드려보는 수준이다. 아이들의 언어에서 소리는 아직 그 자체에 가깝다. 아이는 소리를 공처럼 앞으로 던져내고, 소리의 공은 허공으로 높이 튕겨져 오른다. 아이는 기쁨을 느낀다.

소리를 정신에게 복종시키기, 아이는 그것을 아직 할 수 없고, 노인은 더 이상 할 수 없다. 시간이 흐를수록 점점 더 말 속에서 오직 소리에 속하는 것이 많이 들리게 된다. 정신과 소리는 작별을 시작한다. 삶의 마지막 순간이 오면 모든 것이 작별을 고한다. 소리와 정신의 작별은 궁극적 작별에 대한 선행 작별이다.

이윽고 정신이 완전히 사라져버리는 날, 완전히 꺼져버리는 날, 기억상실형 실어증 증세에서처럼, 그때 이름은 오직 음향에 불과한 것이 된다.*

---

* 기억상실형 실어증 환자는 사물의 이름을 더 이상 자신의 입으로 말할 수 없게 된다. 단지 이름을 따라서 소리 낼 뿐이다. 그것은 언어를 기계적인 행위로 모방하는 것에 불과하다.

말에 정신의 행위가 결여되는 현상은 건강한 사람에게도 나타날 수 있다. 그럴 때 말은 단순한 기호, 소리의 기호이며 어휘를 소리로 표현한 것에 불과하다. 이때 말은 오직 음성학적 현상일 뿐이다.

여러 가지 다른 언어들을 통해 신의 말이 전달되었다는 성령강림절 언어의 기적. 신의 말 속에 깃든 정신은 너무도 강력해 언어의 육체인 소리를 단숨에 관통했으며, 그리하여 소리는 오직 정신으로만 존재했다. 그 하나의 정신 안에서 언어의 이질성은 소멸해버렸다.

언어의 육체가 오직 정신이 되는 드높은 경지에서, 언어는 다시 아래로 추락하며 텅 빈 것, 질료적인 것, 소리의 옷을 입은 것으로 바뀐다. 그러나 추락의 가장 깊은 심연에서 언어는 자신이 떨어져나온 그 드높음을 느낀다. 언어는 스스로를 감지하면서, 다시 상승을 시작한다. 하지만 높은 경지에 이르자마자, 언어는 자신이 다시금 추락할 것을 예감한다. 그리고 그 예감에 따라 하강을 시작한다. 그렇게, 추락과 상승을 반복하면서 언어는 살아가고, 거의 죽음 직전까지 이르렀다가, 다시 살아난다.

3

소리가 정신에 복무하는 것에 대한 보상인 양, 정신은 소리에게 정신처럼 자유로울 수 있는 권리를 선사한다. 그로 인하여 소리는 소리 이상의 것이 된다. 즉 소리는 음악이 될 수가 있다. "언어가 음악의 침전물인 것보다 훨씬 더 이상으로, 음악은 언어의 승화물일 수 있다."(야콥 그림) 말은 말의 극한일 수 있다. 말은 스스로를 자신의 한계에 닿을 때까지 가득 채우며 부풀어 올라, 사람들은 그 경계에서 말 아닌 다른 것, 즉 음악을 듣는다. 네스트로이의 작품 전체에서 사람들은 모차르트를 듣는다. 만약 모차르트가 없다면, 사람들은 네스트로이를 통해서, 모차르트가 세계의 법칙에 속한다는 사실을 느낄 것이다.

그렇듯 소리는 음악에서 독립적인 위치를 차지한다. 소리는 자유롭게 부유한다. 마치 하늘과 지상 사이의 공간에 사람이 없는 것처럼 그 공간을 온전히 가득 채우며 하늘과 지상을 연결한다. 음악에 의해서 공간은 무한이 된다. 하지만 그 무한성은 채워진 무한성이다.

인간은 노래한다. 인간이 직접 노래를 한다기보다는, 노래가 무한의 공간으로부터 인간에게로 불려지는 것에 가깝다. 노래가 인간에게 온다. 노래는 인간에게서 외부로 흘러나가는 것이 아니라, 인간의 내부로 흘러들어가는 것에 가깝다. 노래는 공간을 울리며, 울림은 멈추지 않는다. 그런 까닭에, 이 울림으로 인해, 대기는 이토록 밝고 투명하다. 석양 속에서 울리는 노래는 빛보다 더 환할 수 있다.

음악은 공간을 순수한 울림으로 가득 채우려 한다. 그것은 순수한 공간에서 말이 최초의 말처럼 그렇게 들리게 하려는 의도는 아닐까? 종종 음악은 말을 잠재우려고 한다. 말을 잠 속에 붙잡아두려 한다. 말이 태초의 말에 의해 불려내지고, 음악과 말이 태초의 말에 의해 하나로 흡수될 때까지. "음악은 꿈을 꾸면서 비로소 울리기 시작하는 침묵이다."《침묵의 세계》) 그러나 음악은 말을 꿈꾼다. 음악은 말의 언저리를 꿈꾸며, 말을 위해서 꿈꾼다.

[5]

말과 빛

1

하나의 단어가 말해지는 곳은 환하게 밝아진다. 환해지리라, 는 말이 거기에 현존한다. 그 말이 언어로 이해되기도 전에, 먼저 환함이 찾아온다. 희미하게 동이 트고, 뭔가가 지평선 위로 떠오른다. 빛줄기가 어둠을 뚫고 대기를 채운다. 사람들은 사고가 말을 앞서서 진행한다고 생각했다. 하지만 앞서 나가는 것은 사고가 아니다. 말이 앞으로 먼저 내보내는 것은 빛이다. 말은 자기 스스로의 빛을 향해 말한다. 말은 빛 속에서 예견된다. 인간은 빛을 향해 말한다. "Loquere ut te videam." 말하라, 내가 너를 보고 있노라고. 말하라, 네가 말을 통해서 빛 속으로 오며, 그런 너를 내가 보고 있노라고.

말의 빛은 말에 앞선 인식을 암시하며, 또한 말에 뒤따르는 인식을 암시한다. 그러나 그 한가운데는 인간의 인식이 있다. 인간은 인식을 통해서 현존한다.

말 속에 깃든 빛은 "소모되지" 않는다. 빛은 말을 단지 소모되기 위해서 태어난 것들 위로 높이 끌어올린다. 말은 빛 속에 머물며 오직 빛과 함께 움직인다. 빛은 역동적이지 않다. 빛은 오직 빛날 뿐이다.

2

말이 없다면, 어둠에 대항하는 것은 하나의 밝음뿐이다. 말로 인하여 밝음은 빛이 된다. 말은 외면적인 밝음을 빛으로 만든다. 인간의 하루는 말의 빛으로 시작된다. 동물에게 하루란 단지 밝은 상태에 지나지 않지만, 인간에게 하루는 빛이다.

빛은 어둠에 대항한다. 하지만 빛이 이런 대항관계에서만 의미있는 것은 아니다. 빛은, 어둠이란 자체가 아예 없다는 듯이, 그렇게 빛으로 머문다. 말 속에는 물론 어둠도 깃들어 있다. 말 속의 어둠은 모든 어둠을 대리하는 성질이 있다. 어둠이 빛과 가장 가까이 자리하는 장소는 말 속이다. 말 속의 어둠은 빛으로 옮겨지기를 원하는 어둠이다. 말이 없다면 어둠은 자기 스스로의 권위에 굴복해버릴 것이다. 어둠 자신은 물론 다른 모든 사물까지도.

침묵은 말에 속한다. 그렇다고 침묵이 빛에 대항하며 있는 것은 아니다. 침묵은 어둠이 아니다. 침묵은 산란된 빛이다. 그것은 어떤 하나의 빛, 즉 말의 빛 속으로 수렴되기를 기다리고 있다.

말의 슬픔은 빛이 부족하기 때문이 아니라, 빛이 어둡기 때문이다. 하지만 비록 어둠이라도 빛으로 인해 환해질 수 있다는 것이 말의 위로이다.

거짓말의 빛은 스스로를 불태운다. 그 불은 빛이 있는 공간을 모두 활활 태우고 집어삼킨다.

탄생의 어둠과 죽음의 어둠 사이에서 인간은 말로 인하여 환한 중앙에 서 있다. 말의 밝음은 탄생의 어둠까지 가닿으며, 그 어둠을 과거로 밀쳐낸다. 마찬가지로 죽음의 어둠은 더욱 미래로 밀쳐낸다. 말의 빛을 통해서 탄생과 죽음은 바깥으로, 인간의 가장자리로 더욱 밀려난다. 탄생과 죽음은 말의 빛 둘레를 감싸는 검은 테두리다. 말의 빛을 소유하지 못한 동물에게 탄생과 죽음은 서로 그만큼 더 근접해 있다.

3

렘브란트의 그림에서 빛은 사물로부터 나오지 않는다. 도리어 그 반대로 빛이 사물을 향해서 보내진다. 그 빛으로부터 사물이 탄생한다. 렘브란트의 빛은 빛 자체에서 나오는 빛이다. 스스로를 낳는 것은 빛이다.

렘브란트의 그림 〈부활〉에서, 말에 앞서서 나타나는 빛과, 그리고 말의 빛은 동일하다. 여기서 그 둘은 하나다. 빛이 말을 빨아들였다. 빛 속에 한 천사가 서 있다. 천사는 더욱 짙은 빛이다. 빛과 천사와 말은 하나다. 여기에서 상상을 초월한 세계가 목격되고 말해질 수 있다. 모두가 변함없이 하나의 빛일 뿐이다. 신이 인간을 창조하기로 결정했던 그 순간의 빛이 여기에 있다. 아담의 타락 이후 인간이 자신을 발견할 수 있도록 신이 창조해놓은 그 빛이, 여기에 그려졌다.

헤르쿨레스 세헤르스의 그림에는, 사물이 말의 빛을 받아들이기를 거부하는 인상이 있다. 고집 세게 저항하는 사물들이 거기 있다. 어쩌면 인간이 그들로부터 빛을 거두어버렸는지도 모른다. 그들은 슬픔의 어스름 속에 서 있다. 인간 역시 슬픔의 외투 속에 사물들을 모은다.

구약성서에서 말은 마치 금방 땅속에서 파내 꺼내놓은 것 같았다. 말에는 아직 태초의 어둠이 묻어 있다. 말은 빛을 향해서 침묵했다. 그 침묵은 아직도 말 속에 있다. 말은 여전히 자기 자신만을 향하며, 자기 자신을 껴안은 채, 스스로의 빛에 의해 눈이 멀었다.

신약성서에서 말은 빛으로부터 떨어져나온다. 설사 말해지지 않는 순간에도 말은 지속된다. 말은 빛의 이슬과 같다.

오늘날의 말은 보편적인 의미의 빛을 갖고 있지 않다. 말은 단지 다른 말들에 의해서 빛날 뿐이며, 다른 말들 역시 또 다른 말들에 의해서 빛나고 있다. 말은 오직 간접적인 빛만을 발할 줄 안다.

4

헤겔은 빛을 "자연의 주체, 즉 자기 자신에게 도달한, 자신의 산물(태양)을 수단으로 자기 자신과 연계하는, 태양의 충만함 속에 자리하면서 그 안에서 파악되는 자연"이라고 부른다. 그러나 말은 우선적으로 외부의 밝음을 빛으로 만든다. 그러기 위해 말은 인간 내면의 빛을 외부로, 외부 공간으로 실어간다. 파스칼은 외부라는 공간의 무한성에 경악하고 말았다. 그의 경악은 근거가 있다. 외부의 무한성은 내부 공간, 즉 빛에 의해,

말에 의해, 차단이 된다. 말이 그 안에 없어야 비로소 외부의 공간은 무한히 뻗어나간다. 빛의 공간인 말을 집어삼켜버린다는 위협과 함께. 말 내면의 빛이 있는 곳, 그곳은 인간의 고향이다. 그러나 외부 공간의 밝음은 말이 공급하는 내면의 빛을 향해 치고들어오려고 하며, 공간 자체도 투명해지려고 한다.

공간의 밝음과 말의 빛은 서로를 추구한다. 인간은 스스로의 빛 속에서 위를 향해 들어올려지며, 그 자신의 말이 가진 빛에 의해 공간에서 수직으로 솟아오른다. 말을 갖지 못한 동물은 자기 자신을 벗어나지 못한다. 공간의 밝음은 동물을 비켜 스쳐지나간다. 인간은 빛 속에서 수직으로 위를 향해 자라나며 동물은 땅의 표면을 따라, 그 어둠을 향해, 옆으로 확장될 뿐이다. 밝음 가운데에 있을 때조차도 동물은 빛의 그림자와 같다.

5

들판에서의 일이 끝난 후 밤에 마을을 향해 귀가할 때, 처음으로 보이는 집의 등불이 어둠 속에서 깜박인다. 이것은 이미 최초의 대화가 시작되었다는 신호다. 빛은 선행하는 대화이며, 말이 스스로를 위해 미리 이루어놓은 선행하는 공간이다. 대화의 온기가 이미 빛 속에서 점화되었다. 홀로 걸어가는 고독한 인간의 침묵 속에서 말은 불현듯 집을 얻는다. 여전히 인간은 고독하게 침묵을 지키는 중이지만, 말이 거의 스스로 소리 내다시피 하며 말하기 시작한다. 고독한 인간은 아마도 그 집의 등불을 그냥 지나쳐갈 터이지만, 그의 어두운 침묵은 빛 속에서 환하게 밝아질 것이다. 그는 그 빛 속에서 자신의 말과 다른 이들의 말을 듣는다.

"황금보다 더 놀라운 것이 무엇인가?" 하고 왕이 물었다.
"그것은 빛이다." 하고 뱀이 대답했다.
"빛보다 더 생기를 불러일으키는 것이 무엇인가?" 하고 다시 왕이 물었다.
"그것은 대화다." 하고 뱀이 대답했다.
(괴테)

6

오늘날은 거의 대부분의 경우, 언어는 더 이상 빛이 아니다. 언어는 단순한 조명에 불과하다. 언어는 빛 아래를 파고들어가지만, 어디로 향해야 할지 스스로도 알지 못한다. 빛이 있어야 할 자리에는 소리만이 있으며, 말들은 서로 충돌하기만 한다. 소리가 빛을 대신한다. 파괴된 말, 말들이 만드는 소리는 그을음처럼, 빛 없이 불안하게 펄럭거린다. 축축하게 젖은 지푸라기가 타듯이, 하나의 소리에서 다른 소리로 옮겨붙는다. 불꽃도 없이 연기를 피운다.

하지만 말은 빛이 되고 싶다. 말은 빛이기 때문이다. 빛으로 존재한다는 기쁨을 원한다. 말은 소리로부터 나와서 빛이 된다. 소리는 말 속에 빛으로 깃든다. 음성적인 것과 시각적인 것이 말 속에서 서로 중첩된다. 와해되어가던 말은 자신의 빛 속에서 스스로 다시 결합된다. ("기억의 빛 속에서"라는 관용구가 이미 존재하지 않던가?) 말은 자신의 빛 속에서 지속적으로 생성된다. 말은 빛과 같다. 자기 자신의 자리에 머물면서, 동시에 모든 곳에 편재한다. 하나의 말을 들으면, 하나의 빛을 보는 것이다. 그로 인해 인간은, 말과 빛이 모든 곳에 편재한다는 사실을 알게 된다. 세계는, 그 자신은 모르고 있겠지만, 어둠 속에서조차 빛으로 가득하다.

[6]

말과 존재성

1

언어는 존재적이다. 언어는 언어 자신을 통해서 전달되고 발휘되는 내용과 효과 이상이란 의미다. 언어는 모든 목적과 효용을 초월하는 실존적 힘을 가지며 목적과 효용만으로는 결코 설명될 수 없는 존재다.

괴테의 시 〈중국-독일의 계절과 시간〉에는 이런 존재성이 명료하게 드러난 몇 구절이 있다.

반박할 수 없게 보편적인 증명,
논쟁벽 따위는 꼼짝 못하게 하는, 놀라운 사건!
그러니까 넌 그것이다, 그저 빛이 아니다.
너 가운데서 바라봄과 믿음이 하나가 된다.
(전영애 옮김)

존재성은 이토록 위대하다. 오직 진리만이 존재성에 상응할 수 있고, 존재성을 채울 수 있다. 언어는 채워지기 위하여 스스로 인간을 진리를 향해 몰아붙인다.

언어의 존재성이 가진 설명할 수 없는 성질은 인간이 최고의 존재적인 대상, 즉 신과 관계를 맺을 때만이 의미를 갖는다. "나는 존재하는 나다(ich bin, der ich bin)."(출애굽기 3장, 모세에게 나타난 여호와가 자신을 소개하는 말—옮긴이) 여기에 해당하는 하나의 흔적이 언어 속에 있다. 언어는 존재하는 언어다. 정신이 깃든, 순수한 존재.

　언어 속에는 신의 사자들이 있다. 그로 인해 언어의 존재성은 신과 구체적으로 연관되어 있다.

　신의 사자들은 자신을 실제 형상으로 나타내 보일 수도 있었다. 신들의 의지를 형상화한 스톤헨지의 석상들이나 이집트의 스핑크스처럼. 하지만 그 경우 인간은 석조물들의 거대함에 짓눌려버리고 만다. 거대 석조물들의 돌벽에 감금당한 부조가 되어버린다. 하지만 말을 통해서 인간은 존재와 자유를 동시에 얻는다.

　성서에 나타난 언어의 존재성은 너무도 강력하여, 신조차도 그 존재성 안에서 출현할 수 있을 정도다. 말의 존재성은 인간뿐 아니라 신을 위한 것이기도 하다.

　언어의 존재성이 사랑에 뿌리를 두지 않았다면 그것은 자기 스스로를 초월하여 자라나 마침내는 인간을 압도해버릴 것이다. 그것은 인간을 위협할 것이다.

　말의 존재성은 인간을 단단하게 지탱해준다. 과도하며 과격한 역동성으로부터 인간을 지켜준다.

　말을 통해서 인간 역시 존재적으로 현존하게 된다. 하지만 인간만 그런 것은 아니다. 전체 피조물이 인간의 말을 통해서 존재적이 된다. 객체의 존재는 말을 통해서 확인되며, 그렇게, 객체와 말을 통해서, 세계가 형성된다.

언어의 존재성은 다른 존재적 현상들과 연관되어 있다. 예를 들자면 자연, 사랑, 탄생과 죽음 등이다. 말은 다른 존재적인 것들과의 연관으로 더욱 강력해진다. 말의 소리는 자연의 소리와 대치하는 위치에 있을수록 더욱 분명하게 인간의 소리가 된다. 말의 침묵은 자연의 침묵 앞에서 침묵할 때 비로소 인간의 침묵이 된다. 죽음과 언어의 관계. 사랑하는 이가 죽음을 당했을 때, 말을 통해 흘러나오는 눈물에 의해 언어는 폭력으로부터 정화된다. 목적에 따른 기능이란 협소한 통로에 밀어넣어질 때 언어는 움츠러들며, 환희에 의해서 따뜻하게 데워지면 언어는 다시 확장되고 상승한다.

2

"사람들은 '지구가 태양에게 이르렀다'라고 말하지 않고 '태양이 떠오른다'라고 표현한다."(마우트너, 《언어비평》) 그러나 언어는 존재적이므로, 언어로 올바르게 표현하자면 태양은 위로 떠오르는 것이다. 태양이 위로 떠오르는 것은 단지 그렇게 보이는 현상만은 아니다. 인간에게는 태양이 머리 위로 솟아오르는 것이 맞기에, 언어를 통해 태양은 실제로 위로 떠오른다. 지구가 태양에게 이르는 것은, 단지 물리적인 추상의 개념일 뿐이다. 존재의 진리는 눈앞에 나타나는 현상을 유효한 것으로 만든다.

〈중세 시가에서의 건축적 상상〉에서, 트리어는 "중세 건축의 언어적 고독"에 대해서 말한다. 언어는 건축에 말로 도달하지 못한다는 것이다. 하지만 존재적 말은 침묵 또한 포함하고 있다. 침묵은 말에 속하며 그 침묵을 통해서 말은 건축으로 나아간다. 건축은 침묵 속으로 편입된다. 건축은 말 속에서 함께 침묵되며, 따라서 고독하지 않다. 말이 침묵을 포용하는 힘을 잃어버린 다음에야 건축은 비로소 고립된다. 건축은 원래 자신에게 속했던 것, 말의 침묵을 잃는다. 이제 건축의 침묵하는 본질에 반하여, 침묵 없는 말로 건축에게 말이 건네진다. 하지만 야콥 부르크하르트는, 건축물들이 침묵 속에서 서로에게 귀 기울이는 현상 이상에 대해서는 이야기하지 않았다.

3

언어의 존재성은 어느 순간에 형성된 것이 아니라, 항상 거기 있어왔던 것에 가깝다. 언어는 너무도 강렬하게 현존하므로, 설사 파괴된다 해도 스스로 자신을 생성할 수 있을 정도다. 말은 단지 인간에게만 내재하는 것이 아니다. 말은 공기 중에도 묻혀 있어서, 파멸 다음에 발생할 침묵 속에서도 다시 소리로 되살아날 것이다.

언어의 존재성은 과거의 것과 미래의 것을 자신의 현재 속으로 끌어올 수 있다. 그래서 종종, 인간의 의도를 넘어서, 하나의 말 속에 현재뿐 아니라 과거와 미래가 동시에 들어 있는 것이 가능해진다. "언어에는 예언적이면서 동시에 이미 감동

받은 무엇이 들어 있다."(주베르)

존재성을 가진 언어는 낯선 외국어 어휘조차도 마치 예전부터 익숙한 말이라는 듯 자신 안으로 포용하고 내재화하는 능력이 있다. "독일어는 이방 언어를 제한 없이 받아들이는 성질이 있지만 결코 그로 인해 빈곤해지거나 축소되지는 않을 것이다. 항상 싱싱하고 푸르른 독일어의 족보는 자신이 양자로 삼은 이방의 언어보다 수백 배나 많은 자식과 손자 증손자를 양산하기 때문이다. 그리하여 수세기가 흐른 뒤에는 쑥쑥 자라난 우리의 원래 어근들이 무성한 숲을 이루고, 씨앗으로 날아와 겨우 싹을 틔운 외래어 어휘들을 질식시키고 그늘로 덮어버릴 것이다."(장 파울)

4

존재성은 언어를 인간과 사물 사이에 위치하는 제3의 존재로 만든다. 언어가 장벽처럼 사물 앞에 서 있을 경우 인간은 즉각적으로 사물을 장악하기가 불가능하다. 존재적 힘은 나와 객체 사이에 거리를 형성한다. 말을 소유하지 못한 동물에게는 이러한 거리가 없다. 그래서 동물은 주저함 없이 객체를 붙잡아버린다. 동물은 객체를 붙잡기도 전에 이미 차지하고 있다. 하지만 거리 때문에 인간은 수줍음을 느낀다. 동물의 경우는 단지 공포심만을 느낀다. 그러나 인간은 말을 파괴함으로써 수줍음마저도 파괴해버렸다. 그래서 인간도 이제 공포심을 갖는다. 공포와 뻔뻔한 행위는 서로 일치한다. 수줍음은 말을 태초의 것, 보호받는 것과 근접한 위치로 데려간다. 수줍음의 바깥에 있는 말은 거칠고, 불편하며, 온갖 목적을 위해 사용되지만 그 어떤 다른 것으로도 대체될 수 있는 단순한 도구에 불과하다.

[7]

언어의 의미

1

 인간의 언어는 세계의 질서 속에 짜넣어진 무늬다. 인간이 사물을 언어 속으로 거두어들이지 않으면, 사물은 사물 스스로를 형성하면서 독자적으로 말을 할 것이다. 세계는 지속적인 폭발이 된다. 재앙과 돌발, 이것이 사물의 언어일 것이다. 사물은 현존하는 것이 아니라, 끊임없는 변화 속에 있게 된다. 세상은 마법에 걸린다. 말에 의해서 정의되지 못하고 말로 정의하지 못하니, 신조차도 우상이 되고 만다. 괴물이 되고 만다. 인간도 함께 변화하고 함께 마법에 걸린다. 인간의 말에 의해서만이 인간과 사물은 안정을 유지한다.

 인간의 말이 부재하면, 세상의 표준도 부재한다. 그것은 마치, 어룡이 살아 있던 시대, 동물과 식물이 한계를 모르고 한없이 부피가 늘어나기만 하던 시대와도 같다. 그 시대의 형체들은 일종의 탐색이다. 자기 자신을 찾아가는 탐색, 이탈과 방황의 탐색. 그리고 때로는, 형체를 구성하는 각각의 윤곽선들은 커다란 우회로를 그리며 한참 빙빙 돈 다음에야 서로 마주쳐 하나의 몸을 만든 듯한 인상을 준다. 그 형체 안에는 모종의 고독이 들어 있다. 고독을 부수고자 하는 헛된 무모함이 있으며, 동시에 어떤 슬픔이 들어 있다. 그것은 정신이 결여된 멜랑콜리, 외적 어둠만을 가진 슬픔의 멜랑콜리다. 거기서 태양빛은 검다.

 그때 세상은 뭔가를 기다리는 듯하고, 기다리면서 자신을 한없이 팽창시키기만 한다.

말이 없으면 공간과 시간은 나누어지지 않는다. 끝나지 않는 공간과 끝나지 않는 시간이 있지만, 그것은 영원이 아니다. "언어의 힘을 통해 잃어버린 빛을 각각의 성좌로 구분해놓지 못한다면, 그리고 전 우주를 자의식을 가진 개별 개체로 분리해놓지 못한다면, 인간 역시 (말없는 동물이 외적 세계에서 머물며 의식을 마비시키는 어두운 대양의 파도 사이를 헤엄치듯이) 외적 관조라는 별들로 가득한 하늘에서 정신을 잃고 헤매게 될 것이다."(장 파울) 이 말은 인간뿐 아니라 천지창조 자체에도 적용된다.

자연의 돌발은 인간의 말과 함께 중단된다. 말이 법을 출현시킨다. 이제 사물의 침묵은 더 이상 위협적이지 않다. 사물의 침묵은 인간의 침묵과 연결되며, 그로 인해 인간의 언어와도 연결된다. 말과 함께하면서 인간은 침묵하는 사물의 위협으로부터 구원된다. 그와 동시에 인간은 사물을 구원한다.

오늘날에도 여전히, 인간이 떠나고 없는 쓸쓸한 자연 풍경은 저 혼자 스스로 자라며 넓어지는 듯이 보인다. 평야는 저절로 확장된다. 바위는 점점 더 서로를 향해, 점점 더 하늘을 향해 가까워진다. 물줄기는 땅속으로 더욱 파고들어가며, 지하에서 솟아나는 물줄기에게 다시 밀려난다.

언어를 파괴해버리면, 인간은 원초적 말과의 연관도 잃어버리고 만다. 인간의 말과 그 말의 표준은 원초적 말로부터 나왔다. 그러면 외부 세계 또한 다시금 무질서로 빠져든다. 사물은 무절제해진다. 하지만 이번에 무절제를 양산한 것은 자연이 아니라 인간이다. 여기에 자발적으로 확장하는 기술이 적용된다. 인간의 말이 사물을 작동시키지 않으므로, 사물은 저 혼자 작동해버린다. 시간의 최초와 시간의 최후에 사물들은 서로 닮는다(비코). 단지 최초에는 자연의 산물이었던 것들이 최후에 이르면 시멘트로 만든 모조품이 된다는 점이 다를 뿐이다.

"인간의 본질은 존재의 본질로부터 스스로를 규정한다."(하이데거) 하지만 실제로는 존재의 본질이 인간으로, 인간의 말로 규정되는 것이다. 존재는 자신을 열어 보인다. 그리하여 인간에 의해서 규정되고, 인간의 말로 이끌어진다. 더 이상 인간에 의해서 규정되지 않는다면, 존재는 반란을 일으켜 스스로를 규정해버릴 것이다.

2

언어는 단순한 기호의 모임이 아니다. 만약 그렇다면 인간 스스로가 기호나 숫자에 불과해질 것이다. 단순한 수량 말고는 다른 아무것도 표현하지 못하는 숫자. 거기에는 아무런 운명도 작용하지 않는다. 대신 오용된 숫자로 인한 불운이 있을 뿐이다. 그리고 숫자가 0에 이르면, 그때 죽음이 온다.

브리스 파랭은 말했다. 모든 대상과 모든 상황에 완벽하게 일치하는 단독 어휘는 존재하지 않는다고. 하지만 이것이 언어의 결핍을 의미하지는 않는다. 도리어 그 반대로, 모든 대상과 모든 상황에 완벽하게 일치하는 단독 어휘가 있다면, 그것은 말이 아니라 단순한 숫자나 기호라고 불러야 할 것이다. 도장처럼 한자리에 딱 찍힌 채, 오직 그 자신 그대로만 읽히는 기호. 그것은 더 이상 인간과 대상 사이의 만남이 아니라, 오직 측정된 좌표이자 기록된 수치에 불과하다. 인간에게는 대상을 포착할 수 있는 자유행위 자체가 박탈된다. 자유가 없는 곳에서 독재가 시작된다. 인간은 대상과 더불어 단지 숫자에 불과한 것, 기록될 대상으로 전락하며, 그 숫자는 독재자에 의해서 삭제된다.

에른스트 카시러에 의하면 언어란 "사물과 사건, 지속적인 것과 일시적인 것, 대상과 과정이란 세계의 구조가 근본이 되는 상징적인 형태다."(《언어와 신화》) 아마 그 말도 맞을 것이다. 하지만 언어는 그보다 훨씬 이상의 무엇이다. 언어가 단순한 상징이라면, 인간에게 미래란 존재하지 않는다. 단지 상징이 가리키는 지점을 향한 회상만이 있을 뿐이다. 인간을 뒤돌아보게 만드는 것만이 존재할 것이다. 언어는 상징 이상의 것이다. 언어는 더없이 직접적인 실제이므로, 사물이 언어에 대한 상징이 된다.

인간은 말에 의해서 만들어진 존재다. 그 사실이 말에게 실제성을 부여한다. 인간이 말에 의해서 탄생했으므로, 말은 말 앞에 놓인 실제보다 더욱 실제적이다.

만약 말이 상징이라면, 그리스도는 인간이 되면서 인간의 말을 폭파해버렸을 것이다. 하지만 말은 실제이고, 따라서 신의 실제가 말의 실제 속으로 깃들었다.

실제를 믿고 인간 생명의 가치를 믿는다면 인간은 말의 실제에 대해서도 믿을 수 있다. 인간의 생명을 소중히 여기지 않기 때문에, 폭군은 자신의 말을 지키지 않는다.

3

신이 우리에게 말을 했다는 것, 그 사실이 우리의 말을 이해 가능한 것으로 만들어준다. 신의 말에 의해서 과잉이 인간의 말로 들어왔다. 그것은 한 인간에게서 다른 인간에게로 침투하며, 그로 인해 인간은 신으로부터 온 과잉 안에서 서로를 이해한다. 이해를 위해서 그보다 더 확실한 기초는 없다. 이해하고, 그리고 이해한 것을 전달하면서, 인간은 이 과잉에 동참한다. 이해와 함께 인간은 이 과잉이 깃든 사랑의 행위에 동참한다. 그래서 이해는 행복을 가져다준다. 이해는 곧 신의 과잉에 동참하는 것이다. 아마도 "언어는 인류의 위대한 공동기억"(프리드리히 슐레겔)이 맞으리라. 그러나 그것은 단순한 지식과 경험의 기억을 넘어서, 인간의 신적 기원에 관한 기억일 것이다.

침묵 속에서 언어는 자신 안에 있는 신의 존재를 안다. 인간이 말로 신을 기억하지 못한다 해도, 언어는 침묵 속에서 기억한다.

인식의 말에는 신의 인식이 남긴 흔적이 있다. 인간이 인식의 능력을 갖는 것은 신에 의해서, 창조의 말에 의해서 먼저 인식되었기 때문이다. 인간은 그 인식의 흔적을 사용해서 인식한다. 그 흔적 안에서 인간에게 인식이 주어진 것이다. 개별 인간의 인식은 앞서 주어진 인식의 영향 아래서만이 가능하다. 인간은 스스로의 능력보다 더 높은 경지의 인식을 수행한다. 언어는 인간을 인간 자신보다 더, 언어로 말해진 것 자체보다 더 높이 상승시킨다.

"인간의 원초적 상태와 존속이 사고와 언어에 기대고 있지 않다면, 인간은 사물의 본질을 인식할 능력이 없을 것이다."(바아더)

인간은 항상 앞서 주어진 것을 바탕으로 하여 사고하고 말하는 것이지, 결코 혼자 완벽하게 독립적으로 사고하고 말하는 것이 아니다. 말은 다른 존재로부터, 앞서 주어진 것으로부터 인간에게 온다. 그리고 한 인간에게서 다시 다른 인간에게로 전달되려고 한다(〈언어의 선험성〉 장 참조). 말이 있으면, 이미 거기에는 다른 인간이 있는 것이다. 다른 존재와의 분리, 다른 존재와의 결별은 어떤 특별한 행위가 있어야만 가능하다. 말 속에는 결별보다 더 많은 성분의 관계가 들어 있기 때문이다. 언어 자체에 이미 관계의 요소가 있는 것이다. 말과 사고는 처음부터 다른 인간과의 연관을 고려하여 생겨났고 또 말해지는 것이므로, 인간은 다른 인간을 대상으로 악을 행하려 해도 결코 완전하게는 행할 수 없다. 왜냐하면 악을 행하려는 인간의 내면에서 이미 다른 인간은 함께 생각하고 함께 행동하는 존재이기 때문이다.

그러나 인간이 말을 하는 것은 오직 인식하기 위해서만은 아니다. 인간은 말함으로써 인식되고자 한다. 모든 인식은 자체적인 질문을 내포한다. 나는 나를 인식하게 만드는 그 존재에 의해 인식되고 있는가? 인식은 그렇듯 진술이자 동시에 질문이다. 모든 것을 인식하는 존재에게 던지는 질문. 그리하여 인간의 인식은 모든 것을 인식하는 존재로 회귀한다. 말해지는 모든 문장에는 이 질문에 대한 대답의 자취가 들어 있다. "아담, 너는 어디에 있느냐?" 진리 안에서 신에게 인식될 수 있도록, 인간은 진리를 원한다. 진리가 있으면, 말은 말해지지 않은 것이나 마찬가지다. 있는 것은 오직 진리뿐이다. 말의 음성적인 요소는 진리 안에서 휘발된다.

오늘날의 진리는 단지 진술에 불과하다. 모든 진술을 가능하게 하는 존재에게 던지는 질문이 아니다. 그러므로 그것에 의해 저지당하는 법도 없다. 인식하는 말이 또 다른 인식하는 말로 이동할 뿐이다.

이제 대답은 더 높은 다른 존재에게로 보내져서 그 존재의 시험을 통과할 필요가 없다. 사람은 스스로를 직접 통제하거나, 아예 통제 자체를 망각한다. 이제 사람은 자신에게 현존하는 것으로 말을 시험하지 않고, 대신 앞으로 있을 법한 것으로, 광범위한 탐색으로 추측한 내용으로 말을 시험한다. 어떤 질문에 대해 대답으로 화답하지 않고, 또 다른 질문으로 화답한다. 그리하여 언어는 말을 하면 할수록 스스로에게서 멀어진다.

"과학은 언어를 질료와 바탕으로 활용하면서, 필연적으로 언어를 넘어서서 나아가게 되었다. 언어적 사고가 아닌 다른 원리가 지배하고 작동시키는 새로운 형태의 '로고스'가 대두하의, 더욱 명민하고 더욱 독자적으로 발전한다. 그에 비하면 언어를 통한 정신의 개발은 여전히 너무 제한적이어서, 새로운 원리가 갖는 진보적 특성과 힘이 극복해야 하는 장애물처럼 보인다."(카시러, 《상징형식의 철학》)

4

인간은 매 순간 말을 통해서 자신의 구조와 자신의 과거를 넘어설 수 있다. 그러나 말을 갖지 못한 동물은 자기 안에 갇혀 있을 뿐이다. 인간은 말을 통해서 지속적이 되며, 동물은 동물인 채 지속적으로 머문다. 동물은 세계에 갇힌 존재다. "말없는 동물에게 이 세계는 하나의 압인이다."(장 파울)

인간의 몸짓, 인간이 자신을 표현하는 동작은 동물의 동작과는 다르다. 동물에게 그것은 부재하는 말의 대체물이다. 하지만 인간에게는 대체물의 반대, 과잉하는 말이다. 극도로 채워진 말이 육체의 경계를 넘쳐 흘러나와 마침내 육체를 말과 정신의 작용에 동참시키는 것이다.

설사 침묵하고 있을 때라도, 인간은 말이다. 침묵은 말해지지 않은 말 이상의 것이다. 침묵하고 있을 때라도 말은 거기에 있다. 인간의 얼굴과 형상에 뿌리 내리고 있다. 형상은 침묵하면서 함께 이야기하고, 그러면서 침묵과 함께 형성된다. 치마부에, 두치오, 시모네 마르티니의 마돈나들은 침묵한다. 만약 그녀들이 말을 기다리는 상태가 아니라면, 그녀들은 자신이 나온 무한으로 회귀해버릴 것이다. 말이 그녀들을 인간의 척도에 머물게 한다.

왜 그림이 아니라 말이 인간만의 독특한 자기 표현이 된 것일까? 그림은 말처럼 의미가 분명하지 않다. 물론 그림에도 정신이 깃들어 있을 것이다. 하지만 그림 속에서 정신은 잠잠하다. 그림 속에서 정신은 휴식한다. 하지만 말 속에서는 깨어 있으며, 그래서 말은 그림보다 더 직접적이다.

5

"인식의 나무를 분명히, 똑똑하게 응시하기 위해서 우리는 말의 커튼을 활짝 열어젖힐 필요가 있다."(버클리) 그러나 말의 커튼은 투명하기 때문에 아무것도 가리지 않는다. 그것은 인간과 객체 사이의 극도로 격렬한 마주침을 제지하기 위해 불가피하게 거기 존재한다. 동물에게 객체는 자기 자신의 연장이나 마찬가지다. 그래서 즉시 대상에게로 달려드는 것이다. 동물은 대상을 움켜쥔 다음에야 자기 자신 역시 획득할 수가 있다. 말을 갖지 못한 동물은 사물과 직접적으로 마주한다. 단 한 번의 도약으로 동물은 사물과 하나가 된다. 하지만 그 과정에서 동물은, 인간이 하는 것보다 훨씬 더 많은 분량의 자기를 사물에게로 이전해버린다. 그렇듯 언어는 인간에게 단지 객체를 차지하는 것뿐 아니라, 객체와의 거리를 유지하도록 만드는 역할도 한다.

언어가 장벽이 되어 사물 앞에 서 있으면, 사물은 직접적으로 인간에게 침투하지 못한다. 그들의 마력은 인간을 보호하는 말의 필터로 걸러진다.

말은 동물의 자연적인 직접성을 정신의 직접성으로 대체한다. 말은 인간과 대상 사이를 매개하지만, 그것은 정신을 통한 직접 소통이기도 하다. 서로 반대되는 간접성과 직접성이 말 속에서 긴장 없이 공존한다. 인간 스스로의 힘으로는 이러한 공존을 형성하지 못했으리라. 이것 역시 인간의 언어의 신적인 기원을 증명한다.

6

언어는 내면의 상태를 표현하는 수단 이상의 것이다. 표현은 내면과 일치할 수는 있다. 하지만 내면을 반드시 필요로 하지는 않는다.

영국인은 자신의 상태를 존재동사인 be를 기준으로 표현하고(I *am* well), 그에 비해서 독일인은 같은 의미를 표현하기 위해 움직임을 나타내는 동사를 기준으로 한다(*es geht* mir gut). 이 예를 근거로 하여 영국인의 영혼은 정주형이며 독일인의 영혼은 상대적으로 유랑형이라고 구분하기도 했다. 그러나 우리의 마음속에는 확고하고 단단한 것을 보존하려는 성질이 있으므로, 마음은 종종 유랑의 요소들을 말 속에 넣어 밖으로 내보내곤 한다. 마음은 그런 식으로 하여 단단하고 확고한 것을 망가뜨리는 요인을 멀리 치워버린다. 표현으로서의 언어는 마음의 조력자다.

인간 역시 말에 의해서 보호를 받는다. 말은 모든 것을, 일어나거나 존재하는 모든 일을 그대로 인간에게 전달하지 않는다. 언어적 끔찍함을 능가하는 실제의 끔찍함이 세계에 현존한다. 오늘날 인간이 갖는 공포심은 많은 경우 언어를 위협하는, 언어 주변을 맴도는 외적인 과도함에서 나온다. 독재자는 엄청난 경악스러움을 돋보이기 위해, 언어 자체를 수단으로 취하지 않음으로써 더욱 소름 끼치는 공포를 자아냈다. 독재자는 상상을 초월한 잔혹한 만행을 저질렀고, 그러면서 말과의 조우로부터, 말의 표준으로부터 회피하려고 했다. 그것은 새로운 세계였다. 인간의 말이 아직 있기도 전인 태초의 진실한 세계를 철저히 모방한 악마적 세계. 수백만 인간의 목숨을 앗아간 가스실 앞에서 말은 존재하지 않는다. 단지 삭제된 사고가 있을 뿐이다. 생각과 말을 지워버리는 삭제행위. 독재자는 말을 한 것이 아니었다. 그는 울부짖었다. 구타하는 독재자의 울부짖음과 구타당하는 자들의 울부짖음은 하나였다. 광폭한 범죄를 재촉하는 울부짖음과 범죄현장 자체의 울부짖음에는 차이가 없었다. 말은 더 이상 거기에 없었다. 단지 범죄행위와, 놀라서 숨을 죽인 침묵이 있었을 뿐이다. 잔혹함에게 대답할 때도 독재자는 말을 사용하지 않았다. 그의 대답은 더욱 커다란 잔혹함이었다.

7

이성의 법칙이 명확하기 때문에 언어는 명확하며, 이성의 법칙이 비밀스럽기 때문에 언어는 비밀스럽다. "언어는 공표이며 동시에 비밀이다."(하만) 언어가 공표되는 곳에서, 언어는 곧 비밀이기도 하다. 인간은 침묵할 때보다 말할 때 더욱 많은 비밀을 갖는다. 인간은 자기 자신의 말에게도 스스로를 누설하지 않고 비밀로 숨긴다.

언어에는, 명확해지기 위해서 반드시 필요한 기준을 초월하는 명확함이 있다. 언어는 요구되는 것보다 훨씬 더 많은 명확함을 갖는다. 그것이 언어의 비밀이다. 그로 인해 언어는 단순한 기호와 표현 이상의 존재다.

이러한 명확함의 과잉으로, 말에서는 한 줄기 빛이 나와 대상으로 향한다. 빛은 과잉된 명확함이다. 말이 지칭하는 대상은 이 빛 속에서 환하게 빛난다. 빛은 말과 함께 있게 된 대상의 기쁨이다. 그러나 말의 빛은 원초적 빛을 향해서 되비친다.

이 명확함, 이 빛이 말의 비밀이다.

니체는 말했다. 천재란, 늘 눈앞에 있어왔지만 무명이던 것에 이름을 부여하는 사람이라고. 그러나 천재는 무명에 명칭을 붙이기는 하겠지만, 그 무명은 또다시 새로운 무명, 명명되지 않는 것을 창조해버린다. 명명되지 않는 이것은 내재하는 초월이다.
　그러므로 불명확함이라고 하여 무조건 결함은 아니다. 어떤 사물이 당분간 베일 속에 가려 있어야 함을 암시하는 불명확함은 정당화된다. 인간은 가려진 말 앞에서 머뭇거린다. 인간은 가려진 말이 스스로 정체를 드러낼 때까지 기다려야 한다.

[8]

말과 진리

1

인간은 한때 진리가 온전하게 들어 있던 언어로 말한다. 신이 그 언어로 말했기 때문이다. 언어의 슬픔 중 하나는 신이 더 이상 그 안에 없다는 점이다. 이제 언어 속에 있는 것은 절망한 그 무엇이다. 시도했다가 실망하는 것, 앞으로 나서긴 했으나 다시금 제자리로 돌아가버리는 몸짓, 몸을 일으키긴 했으나 다시금 주저앉아버리는 행위가 지금 언어 안에 들어 있다. 언어는 한때 말 속에 깃들어 있던 자를 기다린다.

시에서는 언어가 절망을 잊은 것처럼 보인다. 신이 비워놓은 공간이 시에 의해서 채워진다. 그러나 시는 공간을 점령하지는 못한다. 시는 공간에 가볍게 떠 있고, 환영처럼 나타나나 싶다가도 바로 다음 순간 사라져버린다. 시가 사라지고 나면, 그토록 고대하는 말에 대한 그리움은 더욱 커진다. 멜랑콜리는 더욱 깊어진다. 시는 언어의 공간이 신의 공간이기도 하다는 기억이다.

옛날의 언어에는 일종의 신중함, 어떤 느림이 있었다. 인간에게 오는 그리스도, 그에 관한 선행하는 떨림, 선행하는 견지가 옛날의 언어 속에 있었다. 옛날의 언어는 오늘날의 언어가 여운으로 떠는 것보다 더 많이 예감으로 떨었다. 말 속에 나타나는 그리스도의 현신을 잊기 위해, 오늘날의 언어는 스스로 과도하게 말한다.

2

진리가 말 속에 있을 경우, 진리는 항상 거기 있어왔다는 듯이, 인간이 특별한 행위를 통해 문장 속에 집어넣기 이전부터 당연하게 거기 있어왔다는 듯이, 그렇게 자명하게 거기에 있다. 말 속에 진리가 있다. 진리는 기원이 보이지 않는다. 모든 종류의 기원은 진리의 위대함 아래 흡수되고 말았다. 진리는 그렇게 절대적으로 거기에 있다.

 진리도 때로는 진화를 겪는다. 물론 진리 자신은 진화가 필요 없지만 인간은 진화가 필요하기 때문이다. 지금 인간은 진리가 인간의 조력자가 되어 인간 종에게 점차 적응하고 맞추어 나가는, 그런 시간을 살고 있다. 아마도 진리 스스로가 진화를 통해 만물들과 자발적으로 연결을 맺으려 하는 것이리라.

 그에 비해서 거짓은 인공적인 성격이 강하다. 거짓은 항상 자신의 기원 전부를 끌고 다닌다. 거짓은 늘 자신의 기원을 곁눈질하며, 그 덕분에 왜곡된 눈길을 갖는다. 거짓은 또한 무조건 그대로 존재하는 법을 모른다. 항상 부풀려져야만 한다. 그런 방식을 통해야만 거짓은 비로소 있게 된다. 거짓은 불안하다. 거짓은 자신이 낚아채고 움켜쥔 것들로 인해서 존재한다. 거짓은 그 자체로 현존하지 않는다.

 진리는 막강하다. 진리의 한 문장으로부터 막강한 힘이 나온다. 진리는 그 한 문장으로, 이 세상 모든 사물을 위해 대기하고 있는 것이다. 진리를 말했던 어떤 한 사물은, 다른 모든 종류의 사물을 대변하고 있는 것처럼 보인다. (한 편의 완전한 시를 생각해보자. 그 안에는 기껏해야 한두 개 사물이 들어 있다. 그러나 매 순간 새로운 사물이 언제든지 시 안으로 호출될 수 있으며, 이미 세계 전체까지도 그러한 시 안에 미리 들어 있다.)

어떤 한 사물에 대해서 거짓이 말해질 때, 거기에는 단지 그 사물뿐만이 아니라 다른 모든 사물들도 함께 진실 아닌 것으로 왜곡되고 만다. 그런 까닭에 거짓말을 하는 자는 공포심을 갖는다. 세계 전체가 거짓으로 왜곡되는 것을 그 스스로 감당할 수 없기 때문이다. 마침내는 그 자신도 함께 왜곡되어버릴 것이다. 그래서 그는 두렵다.

언어는 진리 아닌 언어가 과도하게 말해지는 것을 감당하지 못한다. 진리 아닌 것이 언어를 과도하게 점령하게 되면, 비록 언어가 진리를 말할 능력을 유지한다고 해도 진리를 보유하는 능력은 상실한다. 언어는 계속해서 안간힘을 쓰며, 증명을 통해 어떻게든 진리를 붙잡고 있으려고 한다. 하지만 언어의 능력이 간신히 진리를 말하는 수준에 불과할 뿐 진리가 안전하게 머물 수 있는 공간을 부여하지는 못하므로, 진리는 언어 안에서 더 이상 현존하지 못한다. 진리는 언어의 표면에 일순간 떠올랐다가, 다시 사라지고 만다. 이 언어는 보유한 것 이상의 진리를 증명하는 셈이다. 이 언어에는 진리의 존재성이 결여한다.

말 속에는 말해지지 않은 진리라는, 진리의 과잉이 있다. 이 과잉은 말을 더 멀리 미래로, 새로운 대상들에게로 밀어낸다.

모든 대상들이 진리 안에서 구현될 때까지. 말은 이 미래로의 움직임을 통해 생명력을 얻게 된다. 진리는 고여 있지 않다.

3

"언어가 상징이고 단순히 비유적인 기호일 뿐이며, 대상을 오직 반영할 뿐이라는 생각에서 인간은 영영 놓여나지 못한다."(괴테, 《색채론》) 사실은 이렇다. 대상은 말 속에서 질료적 직접성을 잃는다. 그 대신 진리의 직접성을 얻는다. 질료의 직접성은 진리의 직접성에 의해 가려진다. 사물을 구성하는 질료는 이제 더 이상 직접성으로 인간에게 밀고들어올 필요가 없다. 사물은 진리 안에서 이미 스스로 자기 자신을 찾았다. 말이 하나의 세계, 진리의 세계에 속하므로, 사물은 새로운 충만을 얻는다. 하나의 세계에 속한 충만과 그 직접성을.

그것은 사물을 진리에 도달하도록 밀쳐낸다. 그로 인해 사물은 분명한 형태로 거기 있게 된다. 인간의 눈길을 향해 파고든다.

하나의 세계에 속함으로써 말은 한계를 갖는다. 세계의 질서가 말에게 한계를 부여한다. 하지만 인간은 그 한계에서 결핍을 느끼는 것이 아니라, 말의 경계 위로 펼쳐진 과잉을 느낀다.

오직 잡음어에 불과한 파괴된 말만이 한계가 없다. 그것은 막연하며, 건성이고, 여기와 그리고 동시에 모든 곳에서 출몰

한다. 그것이 말을 하는 까닭은, 오직 사방에 존재하는 동시에 그 어디에도 존재하지 않기 위해서일 뿐이다. 이것이 바로 잡음어가 갖는 무한계성의 특징이다.

    진술과 진리 사이에는 차이가 있다. "이것은 나무다." 이 문장은 단순한 진술일 뿐이다. 이것이 진리가 되기 위해서는 우선 인간이 자신의 질서 속으로 나무를 편입시켜야만 한다. 그러나 이에 앞서 이미 단순한 진술의 상부에는 진리의 궁륭이 덮여 있다. 진리는 진술 위에 드리우며, 진술을 자신에게로 끌어올린다. 진술은 진리의 영역으로 들어가기 전에 먼저 진리에 의해서 끌어올려져야 한다. 만약 진리가 진술들을 위로 들어올리지 않고 도리어 떨쳐낸다면, 지상과 인간은 진술에 의해 피곤해지고, 진술에 의해 시달린다. 촘촘하게 물건이 들어찬 창고 안처럼. 진술들이 인간을 숨 막히게 둘러싼다.

4

인간의 외적인 형상 자체도 진리에서 확인이 된다. 진리의 행위, 결정성, 한계, 인간에 대한 주권은 인간 형상의 직립성, 결정성, 한계, 진리에 대한 주권과 상호 일치한다. 인간 형상의 직립성은 인간의 진리와 짝을 이룬다. 인간의 형상이 자기 스스로 위를 향해 위치하지 않는다면, 진리에 의해서라도 위로 올려지며 수직의 높이로 던져질 것이다.

    진리의 어휘를 말로 하는 것, 그 소리를 따라서 흉내 내는 것만으로는 충분하지 않다. 말은 어떤 결정적 행위를 통해 인간에게로 도달해야 한다. 그래야만 말은 진리의 양태를 갖게 된다. 그렇지 않으면 말은 단지 우연히 인간과 마주친 것이며, 다른 모든 우연적인 사물과 마찬가지로 언제든지 교체 가능한 것일 뿐이다.

진리는 한 인간을 철저하게 파고들어 온전히 사로잡을 수 있다. 인간의 형상은 투명하다. 진리를 둘러싼 광채의 투명한 그림자. 형상은 진리를 드러낸다. 진리에 깃든 과잉은 형상으로 말한다. 여기서 형상은 진리와 같다. 그래서 진리는 인간이 되었고, 진리는 또 다른 진리를 양산한다.

"진리는 스스로를 드러내기 위해 말해질 필요가 없다. 진리는 말을 기대하지 않을 경우, 심지어 말이 가능하리라는 희망을 아예 포기할 경우 더욱 확실하게 이해될 수 있다. 수천 개의 외적 기호들에서, 그리고 물리적인 자연계에서 미묘한 기후의 변동이 생기듯이 특성들이 모인 세계에서 일어나는 그런 비가시적인 효과들에서."(마르셀 프루스트)

인간의 공동체는 진리에 기반을 두어야 한다. 다른 무엇보다도 최우선으로 진리에. 그래야만 사랑이 공동체를 구축하느라 스스로 소모되는 것을 막을 수 있다. 공동체가 이미 단단한 진리 위에 서 있다면, 거기서 사랑은 과잉이다. 사랑은 과잉이 됨으로써 비로소 자기 자신으로 머물 수가 있다. 온전하게, 오직 그것, 단지 사랑이라는 자신으로.

[9]

말과 결정

1

인간이 스스로 결정을 하기 이전에, 신은 말을 통해서 인간을 만들기로 결정했다. 결정은 세계의 구조 안으로 편입되었다. 자유는 인간에게 앞서 주어졌다. 바로 그 덕분에 인간은 자신의 자유를 행할 수가 있다. 인간은 자기 스스로의 의지가 아니라, 앞서 주어진 자유로 인해 자유로운 존재다. 말도 그 안에 자유를 실어 보낸다. 말은 인간을 위해 결정되었기 때문이다. 자유행위로의 이행은 이미 처음부터 말 속에 깃들어 있다. 말은 태초의 것을 건드린다. 태초란 인간의 창조가 결정된 순간이다.

신은 특별한 행위 없이도 항상 자유롭다. 특별한 결정 없이도 항상 결정적이다. 그래서 신에게 말과 침묵은 하나다. 신은 말을 통해서 침묵하고 침묵을 통해서 말한다.

인간은 말한다. 첫 번째 어휘가 입에서 나오는 순간, 인간은 언어의 공간으로 옮겨간다. 그곳에는 선과 악을 직접 선택할 수 있는 자유가 있다. 설사 인간이 아무것도 결정하지 않는다 해도, 그는 그곳에, 결정이 가능한 공간에 있는 것이다. 그리하여 인간은 말을 함으로써 더욱 높은 곳을 향해 말하게 된다.

아마도 최초의 말은 경악의 외침으로 발생했을 것이다. 인간은 경악했다. 신의 결정이 이루어진 공간으로 자발적으로 들어설 수 있었기 때문이다.

자유행위는 원래 인간에게 주어진 것보다 더 많은 자유를 허용한다. 그것은 인간을 인간 이상의 존재로 상승시킨다. 인간은 그로 인해 스스로 할 수 있는 것보다 더 높이 들어올려진다. 인간은 자기를 초월하여 더 높은 곳으로, 자신이 원했던 것보다 더 높은 곳으로 올라간다.

인간이 언어로 결정을 내리기 때문에, 언어 자신도 들어올려진다. 이미 태초부터 언어는 결정을 위해 있어왔다. 언어는 결정의 말을 기다린다.

인간의 정신을 채우는 충만은 결정에게 속한 것이다. 결정되는 것은 홀로 있어서는 안 된다. 그것은 하나의 세계로, 정신의 충만으로 포용되어야 한다.

2

인간은 말로 인하여 인간이다. 하지만 인간이 주체로 태어나는 것은 말로 결정을 내릴 때다. 결정 내림은 소리로 울린다. 말해진다. 그렇게 인간은 탄생한다. 주체가 된다. 인간은 이미 앞서 창조된 존재였다. 그리고 결정에 의해서 다시 한번 스스로를 창조한다.

침묵하고 있을 때, 어떤 결정도 내리지 않은 상태일 때, 인간은 아직 완전한 자기 자신이 아니다. 인간은 자신의 침묵 속에서 널리 퍼지며 인간 외부의 다른 모든 침묵하는 것들과 연결된다. 인간의 침묵과 사물의 침묵은 아직 완전히 분리되지 않았다. 인간은 스스로의 테두리를 분명하게 형성하지 못했고, 자신과 연결된 사물로 인해 언제든지 변신할 수 있는 상태다. 인간은 대개 주체가 되려고 준비하는 과정에 있기 마련이다. 어떤 결정이 내려진 다음에야 주체는 형성된다. 그전에는 단지 결정을 기다리는 주체의 이전 단계일 뿐이다.

인간은 결정을 내림으로써 자신의 내부와 외부에서 침묵하는 것들과 연결을 끊고 직별한다. 그리고 비로소 자유를 얻는다. 이것이 모든 자유의 기초가 된다.

결정을 통해서 인간은 방금 창조된 자와 같이, 그의 모든 역사, 그의 기원이 된다. 인간은 결정 속으로 흡수된다. 결정은 하나의 사물처럼 홀로 있다. 결정은 홀로 말하며, 자기 자신에게 말을 건다. 말과 사물은 하나다. 최소한 어느 한순간은, 객체와 주체, 말과 사물, 나와 당신 사이에 그 어떤 괴리도 없다. 어느 한순간, 그것은 영원에 해당하는 한순간인데, 낙원의 조화가 실현된다.

종종 인간은, 어떤 결정을 내리지 않을 때는, 스스로도 알아차리지 못한 채 질병과 통증이란 방법을 통해 자신의 주체성을 확인하려고 시도한다. 질병은 많은 경우 자아의 상실, 결정의 결여에 그 원인이 있다.

소리 내어 말해진 것에 의해서 인간은 스스로를 일깨운다. 자신을 자신에게 데리고 온다. 그러나 소리 내어 말해진 것 속에는, 침묵으로 인간과 연결을 맺고 있던 것들도 함께 들어 있다. 그것들도 소리가 되어 나온다. 그것들 역시 말의 일부를 이루며, 자유의 행위에 가담하려고 한다. 스스로 결정 내릴 수 없는 것들, 인간의 내부와 외부에서 침묵하는 것들을 모두 데리고 인간은 자유의 행위로 진입한다. 인간이 지닌 침묵의 말은 기다린다, 인간이 그 말로도 결정을 내려주기를.

소크라테스 학파 이전의 언어에서는 말뿐 아니라 모든 사물들이 떨고 있었다. 하나의 세계가 언어와 더불어 떨었다.

비극에서의 독백은 결정의 비범성에 해당한다. 결정에 의해 탄생한 주체는 자신이 어떤 일을 결정한 그 말과 단 둘이 독백 속에서 존재한다. 결정의 과정에서 탄생한 말은, 독백 속에서 자기 스스로를 듣는 황홀을 경험한다.

3

침묵하고 있을 때, 어떤 결정도 내리지 않은 상태일 때, 인간은 불특정한 공간과 불특정한 시간 속으로 산란되어 흩어진다. 결정의 말을 통해서 현존과 현재가 창조된다. 결정에 의해 시간, 휴식하는 시간이 창조된다. 그것은 시계가 가리키는 시간에 저항하는 시간이다. 시계의 시간은 저지된다. 언제나 결정을 내릴 수 있는 인간은, 영원한 현재에서 살게 될 것이다. 공간 역시 결정에 의해서 무한의 성격을 잃는다. 공간은 결정에 의해서 형태가 잡힌다. 그리하여 실제의 공간, 인간에게 속한 공간이 탄생한다. 이 공간에서 사물은 보호받는다. 사물은 단순한 효용의 목적에서 벗어나, 자기 자신의 온전한 본질로 나아간다.

이 결정의 공간에서 인간은 우선 근본적 징후들과 다시금 마주한다. 사랑, 행복, 죽음, 고통. 그것들은 결정과 동시에 실제가 되는 그 시점을 기다리는 중이다. "개인이라는 불가해한 심연에서 유래하는 자유"(훔볼트)의 행위는, 불가해성을 통해 초월을 수행하면서, 사물의 초월성을 더불어 포착하는 능력이 있다.

결정의 바깥에서 지나치게 분방하던 공간과 시간은, 다시 자신을 되찾는다. 다시 자신을 가득 채운다.

성서에서의 언어는 끊임없는 결정의 공간이다. 그 공간에는 결정될 수 있는 인간이나 사물이 아무리 많아도 충분할 수 없다. 성서에서의 공간은 끊임없이 자신을 확장시켜나간다. 신이 인간의 창조를 결정한 그 행위가 결코 멈추지 않기 때문이다. 그래서 성서에서의 말 또한 사라져버리는 법이 없다. 신의 결정행위가 언제나 그 속에 있기 때문이다.

4

결정의 행위로 인해 행위 자체를 능가하는 어떤 과잉이 탄생한다. 하나의 초과분이 풀려난다. 대상을 넘어, 그리고 자신이 자유롭게 된 그 행위를 넘어 다른 객체들을 흠뻑 적신다. 이 과잉의 상태에서는 행위와 연결된 다른 것들까지도 스스로 알아서 제자리를 잡기 때문에, 자유행위는 스스로 자신을 증명하는 효과를 불러일으킨다. 이것은 자유행위가 가진 거의 신적인 속성이다. 인간도 이 과잉에 의해서 한동안은 자유의 권역 내에 머물게 된다. 그는 자유의 행위를 매 순간 계속해서 수행할 필요가 없다. 인간과 사물이 제자리를 찾기 위해 매 순간 계속해서 새로운 결정이 내려질 필요는 없다. 하나의 결정 속에 깃든 과잉을 통해 인간은 저절로 올바른 질서로 인도된다. 그렇게 인간은 스스로 자기정체성을, 내적인 연속성을 체험한다. 그것은 결정의 행위로부터 솟아나는 자비로움이다. 마치 변증법적 신학에서 그러듯이 지속적인 결정의 숨가쁜 질주는 필수적이지 않다. 또한 결정의 과잉이 제공하는 공간에서 인간은 믿음에 대한 준비를 갖춘다.

자유행위를 이행한 개인뿐만 아니라, 다른 자들 역시 이 과잉에 의해 유지된다. 자유행위는 다른 자들을 위해서도 이행된 것이다. 그리하여 하나의 공동체가 자연스럽게 생겨난다. 그것은 인간 상호간의 실제적인 공동체다.

과잉은 무엇보다도 우선 스스로 결정 내릴 수 없는 것들 때문에 존재한다. 마찬가지로 사랑 역시 과잉에 의해서, 어떤 특별한 행위 없이도 현재적이다.

그러면 자유의 행위가 이루어지지 않을 때 상실되는 과잉은 어떤 과잉일까? 인간의 세계는 그것에 의해 줄어든다. 과잉의 도움이 더 이상 없다면 세계는 곤궁에 빠지고 쇠약해진다. 과잉의 자비 아래서 저절로 제자리를 찾아가던 것들은 뒤엉키고 세계는 혼돈에 휩싸인다. 인간은 만물을 올바른 자리에 배치할 줄 모르기 때문이다. 과잉은 인간의 자유에 지속적으로 부여된 지속적인 자비다. 그 자비는 인간 스스로가 부여할 수 있다. 그것은 낮은 곳으로부터의 자비다. 나는 말했다. 자비가 없다면 인간의 세계는 빈곤해질 수밖에 없다. 자비가 없다면 세계는 점점 차갑고 궁색해진다. 그것은 진실한 엔트로피다. 물리적 우주의 엔트로피가 아니라, 인간 우주의 엔트로피.

악의 결정이 유발하는 것은 단순히 과잉의 결핍만이 아니라, 마이너스 즉 감소다. 그로 인하여 악행 다음에는 소스라침이 뒤따른다. 우리는 악이 스스로 소스라치며 움츠러들 뿐만 아니라, 악과 더불어 세계 자체도 움츠러듦을 느낀다.

결정을 내리기 이전, 한순간 인간은 타락이 일어나기 이전의 과거 시간에 머문다. 하지만 그 이후, 인간이 떨어져내릴 때, 그것은 최초의 타락과 마찬가지다. 최초에 있었던 타락의 무시무시함이 되풀이된다.

대화에서 발생하는 모순은 말하는 사람에게 슬픔을 불러일으킨다. 그 슬픔은 불화에 의한 것보다 더 깊다. 슬픔은 원초적 불화, 인간의 타락이 발생한 심연으로 깊숙이 하강한다. 한편의 대화는 거의 언제나 희망으로 시작되었다가, 거의 언제나 슬픔으로 종결된다.

수학이나 물리 공식의 언어에는 과거형이 없다. 과거로부터 하나의 죄가 현재로 전달된다. 과거형이 없는 수학 공식의 언어와 과거의 죄를 잊어버린 오늘날의 인간은 서로 일치한다. 이 등가의 공식에는 거대한 망각이 깃들어 있다. 그들은 오직 자기 자신만을 전달한다. 어떨 때 그들은 자신에게 결여된 것이 돌아오기를 바라는 듯하다. 그리하여 단지 그 이유로 인해 그토록 앙상한 인상을 풍긴다. 그들은 인간의 과거, 인간 과거의 죄와 연결되기를 간절히 원한다. 그래서 그들은 현재와 그리고 미래에, 필사적으로 죄를 생산하고자 애쓴다.

5

언어는 결정의 행위로 스스로를 갱신한다. 이 원초적 권역에서 언어는 다시 원초적인 상태가 된다. 하나의 무의미한 말, 이미 사용되어버린 말은 결정의 행위에 받아들여짐으로써 의미 있는 것으로 태어난다. 결정 외부의 언어에서 하나의 말은 다른 말을 향해 뒤엉켜 굴러간다. 덩어리를 이룬 말들이 수평으로 움직이며 앞으로 진행한다. 형체라고는 거의 찾아볼 수가 없다. 결정의 행위는 언어의 이런 수평적 구조를 수직적 구조로 전환한다. 이제 인간은 어떤 행위를 통해서 말을 불러오게 된다. 이제 행위가 없는 말은 더 이상 다른 말을 불러오지 않는다. 말에서 말로 이동하는 수평적 움직임은, 인간에게서 곧장 객체와 그 말에게로 향하는 수직적 움직임에 의해 파괴된다. 말은 익숙한 경로에서 격하게 떨어져나온다. 말이 떨어져나오는 소리가 우리의 귀에 거의 들릴 정도다. 결정의 행위에 의해 말은 단지 한 가지 사실만을 지칭하는 것이 된다. 말은 다시 정확해진다. 자유의 행위에서 말은 선택되고 제한된다. 인간의 어법이 형태를 찾는다. 자유의 행위가 분명하면 분명할수록 어법도 따라서 더욱 분명해진다.

성서에서 말은 항상 말하는 자로부터 객체를 향해 움직이며, 다시 주체로 돌아왔다가 다시 객체로 향한다. 이런 수직적 구조 때문에 개별 어휘들 사이에 마치 울타리라도 서 있는 것처럼 보인다. 사람은 다음 어휘에 가닿기 위해서 항상 하나의 울타리를 뛰어넘어 이동해야 한다.

시인의 일차적 능력은 잃어버린 원초성을 말에 부여하는 것이다. 시인은 모든 결정에 앞서는 원초적 말을 소유한다. 결정은 시인에게 과잉된 여분으로 보일 수 있다. 그래서 시인은 결정의 행위를 과소평가할 수 있는 위험에 처해 있다.

인간이 더 이상 언어로 결정을 내리지 않으면 언어는 파괴된다. 말과 말은 서로 젤라틴처럼 엉겨붙고, 말과 사람도 엉겨붙는다. 인간은 더 이상 말로 결정을 내리지 않고, 젤라틴 말 덩어리는 사람에게 달라붙어 자기 마음대로 끌고 간다. 거기에 인간의 자아는 더 이상 없다. 자아의 자리에는 과장된 방식으로 표시가 되어 있을 뿐이다. 우리는 그 표시된 자리에 자아가 있을 거라고 생각한다.

    자유는 인간 행위에 깃든 빛이다. 말은 소리에 깃든 빛이며 빛은 공간의 광채이자 공간의 눈이다. 이러한 빛의 공동체에서 자유는 거주한다.

6

자아는 결정의 과잉을 통해서 상대방을 자신에게로 데려온다(105쪽 참조). 이것은 페르디난트 에브너의 다음 문장과 상반되는 건 아니다. "상대방의 현존은 나라는 자아의 현존을 갖지 않는다. 그 반대로 나라는 자아의 현존이 상대방의 현존을 전제로 가진다." 나는 자아가 상대방을 창조한다고 믿지는 않는다. 하지만 자아는 신에게서 나온 과잉으로 창조되며, 과잉은 자아의 결정 속에 들어 있다고 생각한다.

    에브너는 언어란 전적으로 상대방으로부터 나의 자아로 오는 것이라고 본다. 하지만 말은 오직 상대방 때문에, 혹은 자아 때문에 있는 것이 아니다. 말은 객체 때문에 있는 것이다. 객체는 말 속에서 어떤 일치를 원한다. 객체가 말 속에서 일치를 얻지 못한다면, 객체의 순수한 사실성은 더욱 촘촘해지고 더욱 질료적이 될 것이다. 만약 사물 위에 드리워진 말의 궁륭이 사물을 하늘로 끌어올리지 않는다면, 사물은 순수한 질료의 바다로 더욱 깊숙이 침잠할 것이다. 사물은 자기 자신 안으로, 더욱 단단하게 압축된 질료 속으로 스스로 침몰해버릴 것이다. 언어에 의해서 사물은 균형을 얻는다.

나라는 자아와 상대방만을 놓고 볼 때, 나라는 자아는 자기 자신과 자신의 헌신을 지나치게 소중한 것으로 여길 위험이 있다. 그러면 결정의 행위는 무슨 기념비처럼 존재할 뿐, 세계를 이루는 당연한 일부가 아니게 된다.

에브너는 나와 상대방을 상반되는 극성의 개념 속에 함께 묶어버린다. 억류된 대상이 반대편 극으로 전환되어버릴 수 있다는 것이 극성 개념의 위험이다. 에브너는 그의 본원적 진지함으로 인해 이 위험으로부터 안전하게 보호될 수 있었다. 매 순간 그는 신의 자아에 의해 창조된 자였고, 다음 순간에는 자아-고독으로부터 해제된 자였으며, 다시 다음 순간 신이라는 상대방에 의해 창조되고, 다시 자아-고독의 상태에서 붕괴한다. 그렇게 계속해서 상대를 품으며, 자아를 상실해간다. 그의 실존 안에서 자아-창조, 상실, 그리고 자아의 구원은 하나다. 오직 반사하는 상 속에서만 두 상황이 서로 분리되었다.

자아와 상대방의 관계. 자아는 신이라는 상대방 안에서는 실재하기를 멈출 수밖에 없다. 상대방이 먼저 스스로 자아에게서 물러나지 않는다면, 사랑으로 물러나지 않는다면, 그래서 자아가 자발적으로 나서서 신적 존재인 상대방에게 관심을 가지도록 결정권을 자아에게 넘겨주지 않는다면, 자아는 상대방에게 흡수되어버릴 것이다. 만약 신이 사랑으로 자신과 세계 사이에 공간을 허용해주지 않았더라면, 자아와 객체는 신이라는 상대방 안으로 흡수되며, 그 안에서 자아와 세계는 사라져버리리라. 그런 까닭에 모든 공간은 선험성과 초월성을 가진다. 그리고 그로 인하여 무한성까지도 획득한다.

[10]

인간에 내재한 전체로서의 언어

1

인간 안에는 언어가 하나의 전체로서 깃들어 있다. 전체성은 말 속에 있는 신의 흔적에 해당한다. 인간이 말을 하기 이전에, 말은 이미 인간 안에 있다. 말은 인간 안에 침묵하는 전체 언어로서 들어 있다. "언어가 어휘를 이용해 대상 사물을 지칭하는 것에서 시작되었고, 거기에서 출발해 여러 다른 요소들이 결합하는 식으로 발전했다고 생각하기란 불가능하다. 사실 말은 말에 앞서 선행하는 어휘들이 조합되어 만들어진 것이 아니라, 도리어 어휘들이 말이라는 전체성으로부터 하나하나 도출된 것이다."(W. 폰 훔볼트, 《카위어 연구서설》)

가을이 되면 우리의 추운 나라를 떠나 이집트로 날아가는 새들을 생각해보라. 새들은 자신들의 눈앞이 아니라, 자신들 안에 이집트를 갖고 있다. 이집트는 몸에 난 깃털과 마찬가지로 새들에게 속한 어떤 것이다. 그러므로 이집트에 도착한 새들은, 자신들이 항상 있어왔던 그곳에 그대로 있는 셈이다. 언어도 이와 마찬가지로 온전하게 하나의 전체로서 인간 안에 있다. 인간이 말을 하기 이전에 언어는 이미 침묵하는 전체로서 인간에게 있는 것이다.

언어는 인간 안에서 하나의 전체다. 그리고 지속적이다. 그로 인해 인간은 연속성이라는 내면의 역사를 갖는다. 언어는 정신의 연속성을 위한 기초가 된다.

언어의 전체성이 개별 어휘와 맺는 관계는 인간의 전체성이 개별 인간과 맺는 관계와 유사하다. 모든 언어의 전체성이 인간 안에, 인간의 침묵 속에 잠재되어 있다. 그것은 인간을 위해서 있다. 인간의 눈에 보이지는 않지만 전체로서의 인간이 개개의 인간을 위해 있는 것처럼. 전체로서의 언어는 모든 인간들에게, 인간 자체에게, 즉 하나의 전체에게로 향하려 한다. 언어의 전체성은 인간 자체의 전체성을 보존하는 데도 도움을 준다.

귀머거리이자 벙어리인 자에게도 전체로서의 언어가 내재한다. 그는 비록 말은 할 수 없지만, 그럼에도 불구하고 사물의 이치를 터득한다. 침묵하는 전체로서의 언어가 그 안에 들어 있다. 그 언어로 그는 농아의 장벽을 극복할 수 있다. 그는 언어에 참여하며, 말하는 자에 속한다. 말하는 자들이 그를 대신하여 말한다. 귀머거리이자 벙어리인 자는 소리가 울리지 않는 피아노와 같다. 침묵의 건반을 두드리는 모든 움직임이 그에게는 곧 말이다.

모든 배움은 기억이라는 소크라테스의 문장은 여기에 근거를 두고 나온 것일까? 하나의 대상 앞에서 언어는 자기 자신을 기억한다. 자신이 안에 갖고 있는 것을 기억한다. 대상은 그전에 이미 침묵하는 언어 속으로 들어가 있었다.

2

인간이 말을 하는 것은 침묵하는 내면의 언어에서 말을 꺼내오는 것이다. 말과 말이 엮여 있는 거의 무성적인, 침묵의 관계로부터 필요한 말을 꺼내와 이성으로 구축한 새로운 관계를 부여한다. 입 밖으로 말해진 언어는 이성에 의해서 다시금 전체로 태어난다. 입 밖으로 꺼내진 말의 논리적 원칙이 어두운 내면 언어의 전체성을 빛 속에서 재창조한다.

대화는, 다른 많은 예와 마찬가지로, 말을 통해서, 말의 주고받음을 통해서, 침묵하는 어둠의 언어에 전체성을 부여하고, 말해진 밝음 속으로 들어올리려는 노력이 아닐까?

침묵하는 내면의 언어로서 그 침묵의 관계 속에 있다가 밖으로 끌어내진 말에게 다시 새로운 관계를 부여하는 것, 정신의 이 행위는 사랑의 행위다. 그래서 사랑과 언어는 서로가 서로에게 속한다.

내면의 침묵하는 언어로 인해 인간은 모든 희미하고 불분명한 것들과 연결된다. 그리고 자기 자신보다도 더욱 그것들에게 속하기도 한다. 입 밖으로 말해진 다음에야 말은 자신의 경계를 그을 수 있다.

내면의 침묵하는 언어는 공포와 어둠 그리고 불확실성과 뒤섞인 상태다. 하지만 침묵하는 언어 안에도 앞서 주어진 구원의 용서가 들어 있다. 침묵하는 언어의 무성적 어둠은 정신을 재촉해서, 어둠을 밝히는 진리의 환함을 생산하도록 만든다. 그러므로 진리 가운데서 환하게 말해지는 모든 말은 어둠에서 유발된 것이다. 모든 말은 자신이 과거 어둠에서 나올 때 택했던 그 최초의 경로를 반복한다.

내면의 전체성은 아득한 심연으로 그쳐버릴 수도 있다. 그 경우 정신은 어떻게 하면 심연에 가라앉은 말을 자신에게로 올라오게 만드는지 알지 못한다. 말을 심연에서 끌어올리기, 그것은 정신에게 어려운 일이다.

3

이것은 하나의 나무다, 라고 인간은 나무 앞에 서서 말한다. 그가 이 말을 함으로써 나무는 복잡하게 우거진 내면의 언어로부터 몸을 일으켜서, 뒤엉킨 바닥을 아래에 둔 채 수직으로 서게 된다. 단 한 그루의 나무, 단 하나의 창조의 사물이 한순간 거기에 있다. 마치 최초에 창조된 유일한 것인 양. 그 어떤 것도 감히 그에게 가까이 접근하지 못한다. 이것은 하나의 나무다. 오직 이 나무만이 존재한다. 지금 나무가 말해진 이 순간처럼, 이 나무를 똑똑히 응시하는 순간은 없다. 이것은 하나의 나무다! 말과 나무는 하나다. 나무의 이름이 누군가로부터 불려진 것인지, 아니면 나무 스스로가 자신을 부른 것인지 사람은 알지 못한다.

한순간, 입 밖으로 꺼내진 말은 고립된다. 침묵하는 무성의 관계로부터 떨어져나왔으나 아직은 자신이 속하게 될 대상에게 완전하게 가닿은 것은 아니다. 이 고립의 순간에 말은 방금 창조된 피조물, 최초의 말과 같다. 최초의 말이 가지는 힘, 그 힘으로 말은 대상을 움켜잡는다. 그리고 다음 순간, 말에 의해서 대상의 이름이 불려진다.

앞서 고립의 순간에, 말은 슬펐다. 잠시 동안 침묵의 말을 그리워하고, 그것이 있던 심연으로 되돌아가고 싶어했다. 침묵의 말이 지닌 어둠과 흐릿함은 슬픔의 검은 테두리로 말을 둘러쌌다. 대상의 이름을 정확히 부름으로써 진리가 된 다음에야, 말은 비로소 환해진다.

말해진 말은 침묵하는 언어의 어둠에서 환한 밝음으로 나온 것이다. 하지만 그 말 속에는 내면의 언어 전체가 함께 소리 내어 울린다. 내면의 언어가 갖는 어둠은 떠나지 않았다. 상층부에 있는 말해진 말은 내면의 침묵하는 언어가 보낸 사신에 지나지 않는다. 아직 말해지지 않은 말들은 침묵의 바다 위에 새들처럼 앉아 있다. 수면 위로 날아오르기 전까지는 작은 파도같이 보이는 새들. 말은 자신의 앞에 놓인 대상을 향해 전진한다. 하지만 자신의 출처인 침묵의 언어 전체를 향해 후퇴해버리기도 한다. 말은 침묵의 언어를 대신하여 말한다. 말은 침묵의 언어를 무찌르지 않는다. 말은 침묵의 언어를 자신 안에 보듬는다. 침묵의 언어를 움직이고, 침묵의 언어에 의해 움직인다. 내면의 언어 전체가 말과 함께 더 많이 위로 동행할수록, 언어는 더욱 충만해진다.

대개의 경우 시인은 내면의 언어 전체를 함께 울리도록 하는 것이 가능하다. 시인의 노래는 심연에 가라앉은 침묵의 언어를, 그 어둠을 달래는 노래다. 언어는 망각되지 않는다. 외면의 언어와 내면의 언어는 시인의 입에서 함께 노래가 된다. 상부의 노래는 심연에 가라앉은 내면의 침묵하는 언어를 낭송한다.

리듬은 약속이다. 리듬은 노래하는 사다리다. 모든 것이, 내면 언어의 말조차도 그 사다리를 타고 위를 향해, 환한 말을 향해 들어올려진다. 그러나 인간은 한 편의 완전한 시를 들은 다음 우수를 느낀다. 심연으로부터 함께 울리며 솟구쳐오른 전체성을 들었기 때문이다. 함께 울린다, 그러나 함께 이야기하지는 않는다.

어린아이의 언어는 전체성으로부터 완전히 분리되기 이전의 언어다. 전체성 스스로가 말을 하고 있는 듯하다. 위를 향해 약간씩 들썩이면서 말을 하다가, 마치 아이는 결코 말을 한 적이 없다는 듯이, 다시 아래로 가라앉고 만다. 내면 언어의 전체성은 아이의 말에서 어머니와도 같다. 그것은 전체성으로서 말과 동행하면서, 동시에 말 자신이기도 하다. 아이는 힘겹게 말한다. 아이의 말이 전체로서의 언어를 모두 짊어지고 있기 때문이다.

아이의 말에는 하루의 그림이 침묵하고 있다. 그림은 침묵하면서 아이의 안에 있는 침묵하는 언어를 향해 이야기한다. 그림은 어둡게 침묵하는 언어 위로 펼쳐지는 하루의 별들과도 같다. 별들은 언어를 밝히고, 침묵하는 언어는 그림을 향해서 대답하면서 꿈을 꾼다.

어른의 말에도 하루의 그림이 있다. 그림은 어른의 내면에서 침묵하는 언어를 향해 이야기한다. 침묵하는 언어는 그림에 의해서 점차 가볍게 부유하며 자유로워진다. 밤이면 꿈들이 침묵하는 언어 안에 있는 하루의 그림과 더불어 꿈을 꾼다.

 침묵하는 언어와 상층부의 말 사이의 간극은 사랑 안에서 소멸한다. 사랑 안에서는 분리된 상태가 더 이상 존재하지 않는 듯하다. 모든 것은 온전하게 전체이고, 또 전체였다. 내면의 언어는 사랑 안에서 가장 완벽한 전체성을 가진다. 그러나 외면의 언어와 내면의 언어는 하나다. 말해진 말은 내면의 침묵하는 언어가 한 번 몸을 움직인 것에 불과하다. 꿈속에서의 한 번의 움직임, 그 움직임에 의해 사랑하는 자가 깨어난다. 그는 꿈의 전체성을 하루의 전체성에 맞춘다. 그에게 꿈과 깨어남이 하나인 것처럼, 침묵과 말 역시 하나다. "사랑하는 자가 그의 연인에게 말을 할 때, 그의 연인은 말보다 침묵에 더 많이 귀 기울인다. 침묵해요, 하고 그의 연인이 속삭이는 듯하다. 침묵해요, 내가 당신을 들을 수 있도록."(《침묵의 세계》)

4

 "어떤 언어라도, 설사 아무리 빈약한 언어라도, 무슨 일이든 전부 설명할 수가 있다. 단지, 빙빙 돌려서 장황하게 묘사하는 것으로 뭐든 설명은 가능하지만, 그런 장황함은 말하는 사람이나 듣는 사람 모두에게서 흥미와 명확함을 전부 빼앗아버린다. 느낌은 너무 오래 지체된 나머지, 나중에는 마치 수없이 많은 아름다운 궁전들을 하나하나 살펴보는데, 방이란 방은 전부 들어가서 한참씩 구경하면서 모든 모서리와 틈새까지 샅샅이 조사하려는 듯한 느낌이 들게 된다."(라이프니츠) 말이 언어의 전체성으로부터 유래하지 않은 경우라면, 종종 외국어로 말할 때 그 전체성이 결여될 수가 있는데, 이럴 때 바로 "과도한 장황함"을 느낄 수가 있다. 하지만 전체성이 장황함의 말 위를 둥근 천장처럼 뒤덮은 채 자신의 일부분으로 만들어버리므로 사람들은 그것을 잘 알아차리지 못한다. 전체성은 장황한 설명이 도래하기도 전에 이미 "모든 방" 안에 자리 잡고 있다. 전체성은 항상 앞서서 존재한다.

니체는, 소크라테스와 그의 제자들이 보편적인 이상과 개념으로 철학을 우회시켜버렸다고 비판했다. 영감을 고취시키고, 직관적이며, 시적인 철학과는 상반되는 방향으로 이끌어버렸다는 것이다. 그러나 소크라테스의 시대에 보편적인 이상과 개념은 독립된 것이 아니었다. 오늘날과는 달리 전체성의 언어로부터 떨어져나오지 않았던 것이다. 보편적인 이상과 개념은 내면의 전체성의 언어와 함께 울리고 함께 말해졌으며, 이것을 토대로 하여 사람의 귀에 들렸다. 그런데 보편적인 이상과 개념의 철학과, 영감을 고취시키고, 직관적이며, 시적인 철학 사이에 괴리가 발생한 것은 전자가 그 토대에서 떨어져나오면서부터다. 그 이후로 보편적인 이상과 개념은 자기 스스로와 말하는 자를 동시에 소모하여 닳게 만든다.

광인은 언어의 전체성을 더 이상 갖지 못한다. 그는 개별 어휘들을 무의미하게 입 밖으로 던져낼 뿐이다. 그는 괴성을 지른다. 어휘들에게 마치 잃어버린 전체성을 다시 찾아오라고 명령이라도 내리는 양. 혹은 그는 침묵을 지킨다. 멈추지 않고 지속되는 침묵을 향한 침묵을. 침묵, 침묵의 전체성이 부재하는 언어의 전체성을 대체한다.

5

오늘날의 말은 이제 내면 언어의 전체성과, 그리고 침묵과 거의 아무런 연관이 없는 상태다. 말은 자신의 전체성을 내면의 심연에 두고 왔다는 사실조차 알지 못한다. 말은 오직 자기 자신만을 알 뿐이다. 말은 고립되었다. 말은 자신의 한계를 스스로 초월해 나간다. 말은 자기 스스로에게 점점 희박해지는 특성을 부여한다. 말은 말해지기도 전에 이미 일종의 도구처럼 "상층부"에 존재한다. 앞서 말해진 것처럼, 자기 스스로 앞서서 말해진 것처럼. 말은 이제 심연을 갖지 않는다. 말은 침묵하는 언어의 심연에 가닿을 수가 없다. 따라서 그 심연의 위로 상승하는 법을 알지 못한다. 말은 이제 항상 상층의 표면에만 머문다. 표면적이고, 일차원적으로. 더 이상 육체가 없이. 내면 언어의 전체성은 더 이상 말에 어떤 효력도 발휘하지 않는다. 외부에 있는 잡음어의 전체성이 오늘날 각각의 개별 어휘를 잉태한다. 그것이 내면의 전체성을 대체한다.

[II]

언어의 구조

1

언어의 양상, 언어의 외관은, 우리가 이해하지 못하는 언어로 이야기하는 사람을 볼 때 알아차릴 수 있다. 그것은 인간 앞에 쏟아진 소리의 무더기다. 인간은 그 무더기의 바로 앞에 서 있다. 무더기는 끊임없이 쏟아졌다가 다시 사라져버린다. 두 사람 사이에 무더기가 가로막고 있으므로, 처음에는 서로가 서로에게 접근하는 것이 도저히 불가능해 보인다. 하지만 어느 순간, 마치 누군가가 무더기를 치워버린 듯이, 두 사람은 어느새 가까이 다가서 있다.

말은, 단지 형태적인 측면에서만 본다면, 두 사람 사이에 있는 듯하다. 거의 적대적으로, 두 사람 사이를 가로막으면서 툭 던져진다. 두 사람이 그 말을 이해하리라는 전제와 함께. 말은 인간에게 툭 던져진다. 인간 자신으로부터 나오지 않는다. 순전히 형태적인 측면에서는 이것이 명백하다. 정신의 힘으로 인간은 이 소리의 덩어리에 맞선다. 덩어리는 정신으로 제압당하기를 기다린다.

동물의 으르렁거림에서는 이 양상이 다르게 나타난다. 두 마리 동물이 내는 으르렁거림, 소리의 덩어리는 그들 사이에 있는 것이 아니라, 동물 자신의 확장이나 마찬가지다. 허공 중에 생체기관이 하나 생겨나, 다른 신체기관들과 마찬가지로 움직이면서 울부짖는 것 같다. 그래서 동물의 울부짖음은 거의 항상 무서운 경악을 불러일으킨다. 동물은 울부짖으면서 스스로 확장되는 것 같다. 하지만 정확히 어디가 확장되는지는 인간에게 보이지 않는다. 동물은 울부짖으면서 으스스한 존재로 변해간다.

언어의 양상. 말은 거기 있으나, 또한 거기에 없다. 어느 한순간 들렸다가, 다음 순간 사라져버린다. 말의 양상은 인간의 양상과 같다. 인간은 다른 인간 앞에 나타났다가 다시 사라져버린다. 자기 자신 앞에 나타났다가 자신 앞에서 다시 사라져버린다. 인간과 인간의 말은 정신에 의해서 비로소 현재적이 된다.

2

고대어에는, 특히 구약성서에는 말이 다시 사라져버리지 않도록 붙잡아놓으려는 노력이 들어 있다. 명사들은 마치 통나무처럼 언어 속으로 치고 들어온다. 명사들은 확실한 것, 틀림없는 것 들이다. 침묵의 으스스함은 통나무 아래에 있다. 하지만 그곳은 인간 침묵의 심연이 아니라, 인간 이전의 침묵이 도사린 까마득한 나락이다. 말이 말해질 때, 통나무들은 통나무를 친다. 언어의 통나무는 너무나 위력이 좋아서, 인간이 말을 잊을 경우, 스스로 나서서 계속해서 말을 할 수 있을 정도다. 인간은 거기에 감히 가까이 다가갈 엄두를 내지 못한다. 그러나 말은 스스로 나서서 인간을 자신에게로 데려간다.

이 명사의 통나무들 속에는 명사가 지칭하는 대상의 힘이 아직 들어 있다. 그 자체로 홀로 존재하는 그런 명사는 거룩하다. 마법적이며, 공포를 불러일으키기도 한다. 고립된 명사는 조심스럽게 불린다. 인간은 그런 명사에게 조심스럽게 접근한다. 마치 그 어휘가 지칭하는 대상 스스로가 마법의 힘으로 말을 뒤따르기라도 하는 것처럼. 그런 말은 그 어떤 확신도 주지 않는다. 하지만 말은 홀로 자신을 외친다. 고독 속에서 도움을 구하는 외침과도 같이.

명사가 인간에게 진정으로 속하게 되는 것은 행위, 즉 행위의 어휘인 술어와 단단히 결속된 이후다. 이제 명사는 인간에게 있고 이 세계에 있게 된다. "남자", "바다" 그리고 "집"이 인간에게로 인도된다. 명사는 인간화된다. 행위의 어휘, 즉 술어와 더불어 인간은 책임 또한 함께 넘겨받는다. 사물이 인간의 손에 주어졌다. 명사는 이제 더 이상 낯설고 마법적인 존재가 아니다. 명사는, 주어는 이제 무엇인가를 행하게 된다. 주어가 술어에 의해서 특정 목적어를 향해 이끌어질 때 주어는 강하게 구속되는 동시에 비로소 자신의 자리에 있는 것이다. 주어, 술어, 목적어라는 삼등분의 시간이 끝난다. 재통일이 이루어진다.

주어, 술어, 목적어. 위협적인 사물에 대항하는 침묵의 무한성을 헤치고 나가기, 주어라는 통나무로부터 출발하여 다른 곳으로 향하려는 시도, 이것이 문장이다.

문장의 경로에는 무엇인가를 향한 추구가 있다. 주어에서 술어로, 그리고 목적어로. 원초적으로 부여받은 성격인 양, 추구는 모든 경로에 자리 잡는다.

고대어의 문장에는 이뿐 아니라 주저함도 들어 있다. 마치 문장 스스로가 앞으로 서둘러 전진하기를 두려워하는 것 같다. 문장은 뒤로 휘어지는 것처럼 보인다. 자신의 행위에 찬성하는지 혹은 비난하는지를 다시 들어보려는 듯.

장 파울의 글에서는 종종, 마치 비행선을 타고 문장의 해협 위로 둥실 떠오르는 듯한 느낌을 받는다. 사람은 문장 위를 낮게 날아간다. 비행선의 은빛 광채가 문장을 환하게 비춘다.

황혼이 내려와 가라앉았으니,
모든 가까움은 멀어졌다.
그러나 가장 먼저 솟구쳐 오른
저녁 별빛의 영롱함이여!
모든 사물이 불확실하게 어른거린다.
안개는 허공으로 서서히 스며들며,
까마득하게 깊은 암흑의 장애물을
반사하는 호수는 잔잔하다.
(괴테)

이 시에서도 주어, 술어, 목적어는 줄을 지어 차례로 등장하는 것이 아니라, 모두 한꺼번에 공중으로 상승한다. 해협 위를 둥실 떠다닌다. 괴테의 황혼은 세상의 모든 황혼들 위로 가라앉지만, 그러면서도 자신의 자리에 머물러 있다. 아래로 가라앉지만, 그러면서도 항상 위에 존재한다. 가까움은 멀리 있으며, 먼 곳은 동시에 가깝다. 길 위에 있으나 언제나 목적지에 도달한 상태다.

3

오늘날 명사는 주어로서 평준화되었다. 인간은 이제 단독으로 있는 명사 앞에서 더 이상 수줍음을 느끼지 않는다. 그것은 아예 처음부터 행위로의 이행이며, 술어가 와서 결합하기 이전에 벌써 동사화되었다. 행위, 즉 술어는 한순간만 유효했다가, 다음 순간 즉시 변화해버린다. 술어는 이제 주어에 대해서 특별한 내용을 전혀 말해주지 않는다. 술어는 더 이상 주어에 의해서 규정되지 않고, 더 이상 주어를 규정하지도 않는다. 그 둘은 서로 우연히 달라붙어 있는 관계에 불과하다.

예전에 사람들은 언어의 가장 강력하고도 원천적인 힘은 동사에 있다고 말했다. 오늘날 주어와 동사 그리고 목적어는 모두 무력하다. 서로 함께 움츠러들었으며, 그로 인해 데카베(DKW), 카데베(KDW), 하카오(HKO) 등의 어휘들이 생겨났다(모두 약어임-옮긴이). 어휘에는 아무런 내용도 들어 있지 않고, 단지 잠시 동안 어떤 사실을 기억의 표면으로 떠오르게 불러내는 유인기호에 불과해졌다. 그러다 다른 유인기호가 등장하면 흔적도 없이 사라져버린다. 이제는 더 이상 어휘도, 주어도 그리고 동사도 아닌, 자음과 모음으로 이루어진 제품이 문장을 지배한다.

4

긴 문장, 부속절이 딸린 중복문에서 인간은 멀리 돌아서 사물에게로 가닿는다. 인간은 중복문을 이용해 마치 올가미로 둘러싸듯이 사물을 둘러싸고, 회귀하는 중복문의 만곡을 통해 자신에게로 끌어당긴다. 중복문에는 멀리 집어던짐과 봉쇄, 멀고 가까움, 낯선 것에 대한 개방과 원래의 자신에게로의 귀환, 이런 성질들이 감탄스러운 경지로 공존한다. 중복문에서처럼 말이 자기 본연의 모습을 유지하며 서로 가까이 머무는 경우란 없다. 말은 멀리 뻗어나가는 동시에 안전한 보호의 영역에 머문다. 중복문에서 언어는 전달의 도구로서의 역할, 단순한 전달 수단의 성질을 최소화한다. 조금의 퇴행이나 상실도 없이 거대한 존재감을 유지하면서, 마치 무심코 그러는 것처럼, 언어는 전달되는 것을 내놓는다. 인간 스스로도 이 경우 목적지향성에 가장 덜 사로잡힌다. 인간은 막강한 언어로 인해서, 사물에 대해 막강한 힘을 가진다.

긴 중복문의 문장에서 정신은 자신이 말하고 있는 사물에게 무엇을 공급해야 하는지 탐색을 늦추지 않는다. 긴 문장의 도정에서 정신은 그것을 찾아나선다. 긴 중복문에는 뭔가 측정의 기운이 스며 있음을, 정신은 감지한다. 그리고 중복문에 축적

된 시간은 사물이 탄생한 시간에 대한 증언이다. 사물은 다시 한번 인간의 눈앞에서 탄생한다. 그 일은 정신을 사물로부터 떨어뜨리며, 그로 인해 사물은 선명해진다. 인간이 긴 중복문을 쓰던 시대의 시간은, 오늘날의 시간보다 덜 주관적이었다. 그런 문장은 날카롭지 않고, 일단 외형적으로도 난폭하지 않다. 문장은 너른 면적에서 움직이며 제한적인 대상, 즉 사물에게로 이동한다. 애매한 것, 넓게 펼쳐진 것에서 출발하여 하나인 것, 분명한 것으로 돌진하는 정신의 구조가 그런 문장에서 나타난다. 문장은 그것에 부합한다.

  오늘날 문장은 말하고자 하는 것을 짧게 던져놓는다. 언어는 거칠고, 또한 경솔하다. 인간이 대상을 점유하고 있다는 사실이, 최종 결과로서 문장에 하역된다. 더 이상 아무것도 문장에 의해서 탄생하지 않는다. 문장 안에서 머물 시간은 더 이상 없다. 모든 것이 우연인 듯, 일순간 한꺼번에 나타난다. 마치 정신이 언어에 의해서가 아니라 뭔가 다른 것을 기반으로 대상과의 관계를 일단 구축한 다음, 이후에 부차적인 단계로 대상을 언어 안으로 가져오기라도 한 듯. 시간을 보유하지 못한 언어는, 종말에 이른다.

  오늘날, 풍부한 양분을 포함한 수풀이 길가에 우거진 문장, 추구하는 성격이 긴 문장은 더 이상 언어에 존재하지 않는다. 대신 아스팔트로 포장된 공용의 광장이 있을 뿐이다. 문장은 전혀 움직이는 법 없이, 모든 순간에 모든 장소에 존재한다. 수줍음과 추구는 마치 스스로 원하기라도 한 듯, 보이지 않는 곳으로 밀려나고 말았다.

5

신은 말했다. "행하라, 들어라!" 인간이 말하는 명령문 안에는 항상 신이 인간에게 최초로 내린 임무의 흔적이 있다. 명령의 말 다음에는 늘 잠시의 휴지기가 온다. 그 안에서 인간은, 자신의 명령이 수행되는지뿐만 아니라, 광범위한 의미에서 진정 뭔가가 일어나기를 기다리는 것이다. 그 순간은 모든 사물이 그대로 정지해버리는 것 같다. 그 순간은 최초 명령의 흔적이 나타나는 순간이기도 하다. 기억의 가장 깊고 커다란 구덩이에서 솟아오르기 때문에, 흔적의 형상은 어둡다.

명령문은 거의 성스러운 형태다. 하지만 그 때문에 대개의 경우 도리어 세속화되었다. 최초의 명령문으로 내려진 최초의 임무는 망각되고 만다. 오늘날 명령문은 강제하는 독재자에게 속하는데, 그에게는 명령과 수행 사이의 휴지기가 더 이상 없다. 기억의 흔적은 파괴되었다.

6

중국이나 이집트의 상형문자에서 문장은, 하나의 어휘에서 다른 어휘로 용이하게 이동할 수가 없다. 상형문자는 눈과 정신을 붙잡아둔다. 여기서 말은 단지 소리뿐만 아니라, 상형문자의 선으로도 제한된다. 추상적 철자일 경우 눈과 정신은 훨씬 쉽게 빠져나가며 쉽게 다른 곳으로 이동한다. 그런데 상형문자는 읽는 사람뿐만 아니라 말하는 사람도 붙잡아버린다. 말해진 말도 역시 뒤편의 그림에게 붙들려 있기 때문이다. 어휘는 그림에 해당하며, 그래서 그림으로 향한다. 문장은 하나의 어휘에서 다른 어휘로 가기보다는, 그 어휘의 그림으로 이동해버리기가 쉽다. 언어의 수직성이 수평성보다 더욱 강조된다. 그래서 이 경우, 한 대상의 그림을 떠나 다음 대상의 그림으로 이동하기 위한 어떤 행위가 필요하다. 말은 행위로부터 나온다.

훔볼트는 말한다. 상형문자는 언어를 방해한다고. "모든 상형문자는 실제 사물의 형상을 눈앞에서 보게 만들기 때문에 언어의 효과를 저해할 수밖에 없다는 사실이 너무도 자명하다. …… 그림이 글자인 양 오만하게 앞으로 튀어나온다면, 그림은 자신이 표기하려고 하는 대상인 말을 자신도 모르게 억누르게 된다."

그러나 중국이나 이집트처럼, 상형문자로 이루어진 세상에서는, 그림과 사물은 서로 반대되는 것이 아니다. 사물의 그림은 곧장 어휘가 되며, 그 둘은 오늘날처럼 멀찌감치 떨어져 있지 않다. 말은 그림에게 닿기 위해 먼 길을 갈 필요가 없다. 하지만 이제는 상형문자의 시대로 돌아갈 수 없다. 말 스스로가 대상의 그림을 인간 안에 만들어내는 힘을 가져야 한다. 훔볼트가 옳다. "언어는 표상을 염원한다. 하지만 소리를 매개로 결합된 어형(語形)에 표상을 결박해버린다." 그러나 이 또한 순전히 그림으로 모든 것이 이루어진 세계, 그리하여 어휘 자체가 해당하는 사물의 그림과 일치하는 세계에서만 가능하다. 그림은 소리로 호명되기를 기다리고 있다.

상형문자와 표음문자는 모두 위험성이 있다. 상형문자는 인간을 그림에게, 그림이 가리키는 대상의 마법에게 유혹당하도록 만든다. 표음문자도 인간을 유혹할 수 있다. 오직 어휘만으로, 어휘의 대상과는 아무런 관련을 맺지 못한 채, 책략으로 인간을 교묘하게 유혹한다.

7

"남자가 창을 가져온다"라는 말은, 아프리카 어느 흑인 부족의 언어로는 다음과 같이 표현된다. "남자는 집을 떠난다. 창을 향해 손을 뻗는다. 남자는 다시 집으로 돌아온다."

원시부족이 창을 갖기를 원한다는 것은 많은 의미를 내포한다. 긴 여정. 언어의 긴 우회적 표현이 그 의미다. 반면에 "남자가 창을 가져온다." 이것은 추상적이며, 결과적인 표현이다. "남자"와 "가져온다"는 거의 사라져버린다. 귀에 들리는 소리라고는 대부분 위압적이고 지시적 톤의 "창"뿐이다.

창으로 가는 긴 우회로, 흑인 부족의 언어에서 두드러지는 이것은 곧 시간이기도 하다. 창으로 무엇을 할 것인지 인간이 생각해보는 시간. 그 안에는 인간과 창 사이의 거리가 있다.

흑인 부족은 유럽인과의 마주침을 견뎌내지 못한다. 언어의 장벽을 넘어 느린 속도로 사물을 향해 다가가는 데 익숙한 그들의 눈앞에, 대상 사물이 갑작스럽게 내던져지기 때문이다. 그들은 사물로부터 습격을 당한다. 그러면 그들은 사물에 대해서, 그리고 그들 자신에 대해서도 더 이상 올바른 판단을 내릴 수가 없다.

8

하나의 언어는 시간이 흐름에 따라 세부적인 변화를 겪지만 골격은 그대로 유지된다. 이것은 정신도 마찬가지다. 정신 또한 연속적이면서 세부적으로만 변화한다. 언어는 연속적인 변화가 아니라, 변화하는 연속성이다. 언어는 인간의 정신이 연속성 안에 머물도록 돕는다.

언어는 인간의 정신에 의해서 변화할 뿐만 아니라 자기 스스로 변화하기도 한다. 어떤 본원적인 것이 수시로 언어 속으로 침투하여 언어를 움직인다. "언어는 그 속성상 분명하게 설명할 수는 없지만, 스스로를 가시적으로 내보이는 자발성을 갖고 있다. 이런 측면에서 보자면 언어는 행동의 산물이 아니라, 정신의 무의식적인 발산이다."(W. 훔볼트)

언어는 변화하는 연속성이다. 스스로를, 거의 눈에 띄지 않게, 정신의 변화에 적응시키면서 변화한다. 그러나 개인의 정신은 예상치 못하게 갑자기 변화할 수도 있다. 예를 들자면 바울의 경우처럼, 급격하고도 총체적으로. 그러면 언어는 변화의 급격함을 쫓아갈 수가 없다. 언어는 그런 급격함을 원하지 않는다. 정신의 변화 속도와 언어의 표현 능력 사이의 괴리가 너무나 커서 언어는 감히 변화를 따라갈 엄두를 내지 못한다. 커다란 변화가 일어날 때 할 수 있는 것은 단지 말없는 비명이나 침묵뿐이다. 정신의 급격한 변화를 마주한 언어의 굴종은, 언어가 정신에게 의존적이라는 증거다. 어쩔 줄을 모르는 당황함의 표현에서 정신의 변화는 비로소 분명해진다. 어쩔 줄 모르는 표현은 빈약하고 볼품없으므로, 새로운 것을 건드리지 못한 채 놓아둔다.

언어의 변화는, 변화를 통해서 온전함으로 회귀하려는 시도가 아닐까? 만약 태초에, 언어의 뒤를 따라 창조의 역사가 일어나지 않았다면, 그래서 언어를 비롯한 모든 곳에 역사를 만들어내지 않았다면, 언어가 역사라는 것 자체를 가질 수 있었을까? 그 정도로 언어는 역사다. 그래서 지금도 여전히 역사는 언어로부터 출발하게 된다.

자연의 갑작스러운 돌연변이는, 한계 속에 갇힌 피조물이 전체성과 원초성에 대한 갑작스러운 그리움을 가질 때 발생하는 것은 아닐까? 하나의 피조물 안에 갇힌 자연이, 불현듯 전체성을, 경계 너머의 것을 기억해내고는, 자기 자신을 뛰어넘어 돌연변이란 방식을 통해서 탈출을 시도하는 것은 아닐까?

9

"그 누가 감각적인 표현들, 물이나 공기, 흙과 불, 알, 새, 동물, 약초, 풀, 이런 어휘들의 독일어 뿌리를 즉시 찾아낼 수가 있을까?"(야콥 그림)

오늘날 말은 그 자신의 어원에서 떨어져나왔다. 말은 더 이상 어원을 바탕으로 살아가지 않는다. 말은 가장 가까이 있는 말을 향해서조차 살아가지 않는다. 단지 그 말을 향해서 스쳐 갈 뿐이다. 하나의 어휘는 다른 어휘를 스치며 지나가거나, 혹은 다른 어휘 속으로 배회하며 들어갈 뿐이다.

하이데거는 말을 어원으로 파악하려고 했다. 하나의 어휘를 거슬러올라가 그 뿌리까지 파고들어가며, 거기에서 그 어휘를 규명한다. 예를 들어 그리스어인 알레타이아(aletheia), 즉 진리는, 어원학적 의미로는 진리가 아니라 은폐되지 않은 것, 밖으로 드러난 것이다. 마치 고고학자처럼 하이데거는 발굴한 어휘 위로 몸을 구부린 채, 뿌리를 파헤치며 깊이 파고드는 작업에 몰두한다. 그 뿌리에다 어휘를 다시 심기 위해서. 그러나 뿌리가 말해주는 말의 정체라는 것은, 나에게는 마치 꿈속에서 말들이 자기 자신과 나누는 대화를 연상시킬 뿐이다. 하이데거식의 어원 연구로는 말이 자꾸만 새로운 연결관계로 잘못 이끌어질 뿐이다. 연결관계, 잘못된 연관성은 이제 어휘에서 어휘로 수평이동을 할 뿐만 아니라 뿌리를 향해 수직이동을 한다. 말은 과거로부터 자신의 연결관계를 끄집어내온다. 그렇게 해서는 말이 불안정해진다. 말이 안정되기 위해서는 정신의 안정된 질서에 순응하고 있는 말의 대상이 필요하다. 그러면 말은 다른 무엇보다도 우선적으로 대상에게 속하게 되고, 그런 다음에야 비로소 다음 말을 향하게 된다. 말과 대상은 하나다. 둘은 격렬한 현재에서 나란히 공존한다. 과거의 어원은 이 격렬한 현재에 의해 흡수되어버린다. 그런 말은, 어원을 잡아끌어낼 필요도 없이, 자신의 현재 안에 자신의 과거를 갖는다.

[12]

언어의 다원성

창조의 행위로 말이 탄생했다. 창조의 행위는 너무도 위대하여, 하나의 언어가 차지하는 공간만으로는 부족할 지경이다. 하나의 언어는 행위의 절대성으로 인해 산산조각이 나버릴 것이다. 언어의 다원성 덕분에 인간은 하나의 창조행위가 갖는 충만함을 다양성이란 너른 영역에서 받아들이려고 시도할 수가 있다.

"인식 가능한 것의 총합은, 인간의 정신에 의해 가공될 수 있는 영역으로서, 모든 언어 사이에 놓여 있으며, 모든 언어로부터 독립적이다."(W. 폰 훔볼트) …… 그리고 또다시 훔볼트는 말한다. "세계와 인간 사이의 원초적인 조화는, 모든 진리를 인식하는 가능성의 기초가 되며, 한걸음 한걸음 앞으로 전진하면서 획득된다."

그러나 진리는 다양한 언어에서의 인식의 축적을 통해 실현되는 것이 아니다. 진리는 우선적으로 일치다. 단지 스스로의 충만함 때문에 진리는 다양하게 뻗어나간다. 진리의 충만함은 다양성을 유발한다. 하지만 다양성이 진리를 유발하지는 않는다. 그럼에도 불구하고 야콥 폰 바트네(서기 500년경)의 의문은 타당해 보인다. "언어가 서로 뒤죽박죽으로 다른 것은 정말로 벌일까? 도리어 풍족함으로 가득한 자비로운 선물은 아닐까?"

한 가지 사실을 여러 언어가 다양한 관점으로 관찰하다 보니, 진리가 상대화되는 것처럼 보인다. 하지만 그것은 단순히 그렇게 보일 뿐이다. 모든 언어에서 하나의 사실은, 각각의 언어가 서식하는 질서의 **전체성**을 통해 규정된다. 사실을 명명하는 말이 이 질서의 전체성에 해당한다. 여러 언어에서 하나의 사실에 접근하는 개별적인 관점은, 그 관점 자신이 언어의 전체성으로부터 획득한 질서에 의해서 진실이 된다. 비록 보이는 것은 사물에 대한 하나의 관점일 뿐이지만, 그 하나의 관점은 전체성에 의해서 자신이 가진 것보다 더 많은 것을 담게 된다. 관점이라는 일부분은, 이 전체성 안에서 스스로 전체가 된다. 한 언어에서의 관점은, 다른 언어가 똑같은 대상에게 갖는 관점으로 곧장 이동하는 것은 아니다. 관점의 고향은 그곳이 아니라 언어 안에 깃든 언어의 전체성이다.

하이데거는 진리를, 그리스어 알레타이아(aletheia)를 근거로 하여 "은폐되지 않은 것"으로 이끌어낸다. 그러나 "진실된(verus)"이란 어휘는 어원상 고대 북유럽어인 바라르(varar), 즉 충성의 맹세와 연관되어 있으며(바르는 정절의 여신이다), 또한 고대 고지 독일어(독일 동중부지방의 독일어로 오늘날의 표준 독일어임-옮긴이)인 바라(vara), 즉 "동맹의 신의"와도 관련이 있다. 이런 어휘들이 진리에게 제공하는 의미는 "은폐되지 않은 것"이란 어휘와는 아주 판이하다. 그리스어의 "밖으로 드러난" 진실은 고대 북유럽어의 "충성스런" 진실보다 진리에 대해서 더 많은 것을 알려주지 않는다. "밖으로 드러난 것"은 오직 그리스어에서만 진실이다. 단지 그리스어에서만 전체성에 의해 진리로 채워질 뿐 독일어에서는 그렇지 않다. 어느 한 언어의 전체성은 각각의 어휘에 자기 자신이 필요로 하는 요소를 첨가한다.

인간은 언어의 전체성에 의해 어느 하나의 말에 너무도 깊이 붙잡히므로, 하나의 언어를 말하면서는 다른 언어가 존재할 수도 있다는 것을 쉽게 상상하지 못한다. 자신이 말하는 하나의 언어가 너무도 유일한 언어처럼 보이므로, 인간은 다양한 언어 속에서 정체성을 잃는 법 없이 여러 언어를 말할 수가 있다. 만약 사람이 매번 한 번에 하나의 언어로 말하는 것이 아니라면, 다국어를 할 줄 하는 사람은 분열되고 말 것이다.

모아수섬 사람들은 숫자를 나타낼 때 다양한 어휘를 사용한다. 사람이나 영혼, 동물이나 나무를 셀 때의 어휘가 모두 다르다. 대상이 말을 결정한다. 그들에게 대상은 숫자 자체보다 더욱 중요하다. 포착되는 것은 다른 무엇도 아닌 대상이다. 그래서 숫자가 대상을 마음대로 다루도록 놓아두지 않는다. 모든 사물에게나 다 적용될 수 있는 추상적인 숫자에게 대상을 맡기지 않는다. 이런 유의 언어에서 인간은 자기 스스로를 관념적으로 표현할 수가 없다. 그래서 이들의 언어는 구체적인 사물을 말할 때 더욱 분명하다. "고급" 언어가 추상성으로 그러하듯이, 이들 언어는 치밀한 구체성으로 인하여 사물의 본성과 밀접하게 연결된다.

고지 독일어와 방언

오늘날 고지 독일어에서는 국가·사회·경제·과학 등 보편성과의 관계가 표현된다. 그에 비해서 방언은 개인적인 것, 가족

관계, 가족이나 공동체적인 것 위주로 언급하는 편이다. 고지 독일어에서 보편성은 널리 퍼져 있어서, 사적인 개념을 위한 자리는 거의 없다. 그렇지만 고지 독일어의 보편성은 이제 방언의 사적인 성질을 뒤덮고 있지도 않다. 단지 자기 자신만을 위해 존재하는 식이며, 인플레이션처럼 팽창되어 있다. 그러나 인간은 보편성을 일정 분량만큼만 소화할 수 있다. 부패한 보편성은 말할 것도 없고, 긍정적인 보편성일지라도 마찬가지다.

방언과 고지 독일어 사이에는 놀라운 관계가 수립될 수 있다. 방언을 말하다가 고지 독일어를 말하게 된 사람은, 항상 고지 독일어만을 말하는 사람보다는 틀에 박힌 표현이 훨씬 덜하다. 방언을 말하다가 고지 독일어와 만나게 된 사람에게 고지 독일어는 항상 다른 것, 새로운 것이 된다. 그는 이질적인 것에 거부감을 느낀다. 거기에 맞추어 그의 언어가 재정비된다.

오늘날 방언은 고지 독일어에게 점령당했다. 방언은 문어에 딸린 괴상한 부속품 정도로나 여겨진다. 방언은 지하실에 처박혔다. 이 시대의 방언은 억압받는 존재, 빨치산과 같은 존재다. 방언을 말하는 사람은 이 시대의 빨치산이다. 사적인 개념은 언어에서 사라져버렸다. 보편성을 중시하는 고지 독일어는 더 이상 사적인 방언 위에 드리워 있지 않다. 대신 방언을 포위하고 있다. 방언은 스스로 움츠러들었다. 방언은 더 이상 높은 보편성을 향해서 호흡을 내쉬지 않는다. 고지 독일어의 보편성도 더 이상 방언의 사적 성질과 조우하지 않고, 심지어 자기 자신과 조우하는 법도 없다. 보편성은 사적 성질의 과잉으로부터 유래해야 한다. 하지만 오늘날은 보편성이 우선이자 원천인 듯 보이고, 사적 성질은 아직 일반화되지 못한 잔여분인 듯 간주된다.

셰익스피어의 작품을 읽을 때 잘 이해가 가지 않는 경우가 종종 있는데, 그럴 때 나는 직접 그 부분을 알레만어(독일어권의 남서부에서 사용되는 독일어 방언의 일종-옮긴이)로 번역해본다. 하지만 그러면 나는 셰익스피어가 아니라 나 자신을 읽게 된다. 방언은 오직 개성과, 즉 사적인 것과 조우한다.

알레만어로 쓰인 요한 페터 헤벨의 시에는, 인간을 가족사와 일상의 생계활동 위로 끌어올리는 보편성이 결여되어 있다. "무상", "석류석", "쇼프하임의 총독" 등 두세 개의 예외를 제외하면 말이다. 그럼에도 불구하고 독자들은 헤벨의 시를 읽으면서 보편성을 아쉬워하지는 않는다. 가족사와 일상이 하나의 단단하고 둥근 세계로서 자리 잡고 있기 때문이다. 독자들은 자연스럽게 알아차린다, 보편성의 세계가 궁륭처럼 위에 펼쳐져 있으므로 이 시에 나타난 가족사와 일상이 그처럼 단단할 수 있는 거라고. 보편성이 사소한 것들을 뒤덮고 있으니, 소소한 가족사는 이미 우주적 보편성을 알고 있는 것이라고.

헤벨은 방언으로 가족사와 일상을 묘사하면서, 그것을 하나의 전체 세계로 그릴 수 있는 능력이 있었다. 그럼에도 불구하고 헤벨은 산문집인 《보석상자》에서는 방언을 사용하고픈 유혹에 굴복하지 않았다. 그렇게 하지 않았다는 데서도 역시 그의 위대함을 엿볼 수 있다. 예를 들자면《보석상자》속에 나오는, 독일 문학의 가장 아름다운 이야기 중의 하나인〈예기치 않은 재회〉에서는 죽음과 사랑, 순간과 영원, 운명과 그 운명을 인내하는 인간이 모두 하나다. 그것들은 이 이야기를 관통하여 마치 최초의 것인 양 인간에게 와닿았고, 최초의 광채로 이야기를 투명하게 비춘다. 그 효과가 너무도 강력하여 이야기는 오직 어두운 광채 하나로만 이루어지며, 줄거리는 단지 이 광채의 움직임에 지나지 않는다. 만약 이것이 방언으로 쓰였다면 이야기는 숭고한 보편성에서 사적인 일화로 떨어져내렸을 것이다. 누군가 방언으로 이 이야기를 하면, 몇몇 사람만이 램프 불빛 아래서 귀를 기울였으리라. 숭고한 보편성은 개인적인 사연으로 변한다. 반면에 고지 독일어로 적히면, 모든 이가 귀 기울인다. 인간뿐만 아니라 언어 자체도 귀 기울인다. 언어는 단지 소리로만 거기 있는 것이 아니라, 침묵으로도 있다. 모든 인간의 침묵과 말에 도달하면서.

[13]

파괴된 말

온전하게 보존된 말의 세계에서 인간과 사물이 만날 때, 말은 하나의 사건, 하나의 행위다. 인간은 사물을 껴안는다. 인간은 정신으로 사물을 껴안는다. 그래서 정신이 사물의 정체에 대해서 말하며, 사물의 진리에 대해서도 말해준다고 알게 된다. 인간은 영혼으로 사물을 껴안는다. 그래서 영혼이 사물의 진리를 살아 있는 것으로 만들며, 따뜻하게 데워준다고 알게 된다. 말의 소리, 소리의 몸은 인간의 정신에 의해 살아 있는 것이 되며, 따뜻하게 온기가 흐른다.

그러나 인간과 사물이 더 이상 만나지 않게 되면, 사물이 인간에게 오기도 전에 이미 모든 과정이 다 완료된 것과 같다. 더 이상 사물과 인간 사이에는 특별한 행위가 일어나지 않을 뿐 아니라, 아예 만남 자체가 이루어지지 않는다. 그러면 정신도 영혼도 사물을 지칭하는 말 속으로 스며들지 않는다. 말은 정신도 영혼도 갖지 못한다. 말은 오직 말의 몸에 지나지 않는다. 단지 소리 나는 것, 단지 잡음어로만 머문다.

인간이 말을 시작하기 이전에 언어는 웅얼거림으로만 존재한다. 그리고 인간이 말을 멈추면 다시 웅얼거림으로 돌아간다. 잡음어는 다른 잡음어로부터 오며, 그리하여 말은 침묵으로부터 오지 않게 된다. 말과 침묵 사이에는 거리가 없다. 말과 침묵은 모두 웅얼거림 속에, 소음 속에 녹아 있다.

인간 속의 침묵, 인간의 형상 속에, 인간의 잠 속에, 인간의 죽음 속에 있는 침묵과 일치하는 것이 더 이상 언어에 존재하지 않는다. 언어는 더 이상 (언어에 속하는) 침묵을 통해서, 침묵하는 인간의 본성에 참여할 수가 없게 된다. 그로 인해 언어는 스스로를 결핍 속으로, 외딴 황무지로 유배시켜버렸다.

잡음어의 생태계에는 침묵이 없다. 여기서 인간은 침묵하는 것이 아니라 단지 입을 다물고 있을 뿐이다. 끊임없이 들리는 잡음어는 모든 것을 다 말해버리겠다는, 잡음어의 마지막까지 가보겠다는, 그래서 기필코 진짜 말이 다시 돌아오도록 만들겠다는 인간의 절망적 시도다.

설사 인간이 없을지라도 잡음어는 스스로 공간을 가득 채워버릴 기세다. 잡음어는 인간으로부터 튕겨져나와 인간의 주변을 빙글빙글 돈다. 그 상태로 독자적인 조직인 양 인간에게 작용한다. 오직 덩어리로서, 오직 질량만인 존재로서. 그것은 인간의 정신이나 영혼을 건드리지 못한다. 단지 정신의 하부구조에만 영향을 미칠 뿐이다. 심리적이고 육체적인 반사신경에만.

인간은 말의 주인이다. 그러나 잡음어의 하인이기도 하다. 인간은 태초부터 잡음어에 반응하여 허둥거렸고, 잡음어에 쫓겨 달아났다. 잡음어와 함께 그 어떤 무엇이 인간의 앞에서 허둥지둥 움직이고, 인간은 거기에 휩쓸려 함께 허둥거린다. 하나의 잡음은 인간 앞에 유령의 모습으로 등장한다. 어디선가 나타나서 어딘가로 사라진다. 유령으로 휘리릭 지나쳐가는 와중에도 잡음은 성급하게 사용되어 이야기로 튀어나온다.

그런 언어는 인간과 사물을 오직 소리로만 동반한다. 말은 이제 어떤 사물에 이름을 붙임으로써 그것을 낳는 역할을 하지 못한다. 말은 사물의 잡음으로 생산될 뿐이다. 언어는 사물에 의해 자기 자신의 부근으로 간신히 끌려온다. 언어는 이제 단지 사물의 잡음일 뿐, 사물에게 부가되는 다른 그 무엇도 아니다. 말과 사물, 그리고 말과 인간은 이제 더 이상 서로를 마주보지 않는다.

잡음어는 계속 움직이지만, 그 자리를 떠나지 못한다. 다른 곳으로 가지 못한다. 그 움직임은 정신이 결여된 존재, 광인의 전형적인 패턴이다.

여기에는 이전도 없고 이후도 없다. 그러므로 역사도 없다. 이곳도 없고 저곳도 없다. 잡음어 안에는 모든 것이 뒤섞여 있으며 모든 것이 모여 있다. 모든 것이 있으며 또한 아무것도 없다. 겹겹이 쌓인 사물이 서로 연관성을 맺고 있는 양 그럴듯하게 위장된다.

인간도 다른 모든 것과 함께 경계도 없이 섞여 있다. 경계 없는 인간과 제한되지 않은 잡음어는 서로에게 어울린다.

인간은 지속적으로 자기 자신에 의해 추월당한다. 그래서 자신을 편하게 여길 수가 없다. 자신 안에서 쉴 곳을 찾지 못한다.

잡음어에는 자아와 상대방이 없다. 잡음어는 대화에 적대적이다. 하나의 잡음어에서 다른 잡음어로 저절로 옮아가며, 이때 자아와 상대방은 분리되지 않는다. 잡음어는 하나로 뭉친 덩어리와 같다. 그러다 자아가 거기서 벗어나기를 원하면, 뒤엉킨 덩어리로부터 강제로 급격하게 떨어져나오게 된다. 자아는 균형을 잃는다. 그리하여 자기 본위와 독재로 기운다. 자아는 혼자가 되지만, 정말로 혼자 있는 것은 아니다. 인간존재의 모든 원초적인 범주가 자아에 간직된다.

지속적인 잡음어, 외적인 지속성이 자아의 자기정체성, 자기확신을 대신한다. 이는 한때 인간이 자유의 행위를 통해 얻던 것들이다. 내적인 연속성은 외적인 연속성으로 대체된다. 그런데 이제는 인간에게 자기정체성을 확인해주는 역할을 라디오가 하고 있다. 인간은 더 이상 끊임없는 잡음어로 스스로 이야기함으로써, 그 자신이 언제나 변함없이 말하는 당사자임을 확인할 필요가 없어졌다. 라디오의 스위치를 누르기만 하면 된다. 라디오 스위치를 누르는 당사자는 언제나 변함없이 자기 자신이다. 자기정체성의 확신까지도 이제는 기계화되었다.

이 언어는 모든 것을 그대로 통과시킨다. "대지는 모든 책을 합한 것보다 더 많은 자기인식을 선물한다. 대지는 인간에게 저항하기 때문이다. 인간은 투쟁을 통해서만이 자신에게 향하는 길을 찾을 수 있다."(A. 드 생텍쥐페리) 언어에는 이제 어떤 저항도 살고 있지 않다.

오늘날 인간도 모든 것을 그대로 통과시킨다. 지나치게 많이 통과시킨다. 흑인들의 조각상을 사들이는가 하면, 9세기 아일랜드의 기독교 고문서인 코덱스 케나넨시스(Codex Cenanensis)의 동식물 모형, 툴루즈-로트렉과 바이에른의 민속예술품, 카르파치오와 현대미술품을 구별 없이 한꺼번에 마구 수용한다. 내면의 연속성을 잃어버렸으므로, 인간은 뭐든지 다 자신 안에 집어삼키려 한다. 인간에게 오는 것은 그 무엇도 인간에게 의무를 부과하지 않고, 인간에게 어떤 결과를 남겨놓지도 않는다. 모든 것이 잡음어 안에서 나타났다가 사라져버리므로, 인간은 그냥 집어삼키기만 할 수 있다. 이제 인간에게는 내적인 역사가 없다.

어떤 사람은 이렇게 말한다. 그래도 오늘날 인간은 괴테 시대보다 횔덜린을 더 잘 이해할 수 있지 않느냐고. 그렇지 않다. 오직 통과시키는 것뿐이다. 횔덜린까지도 그냥 통과시켜버린다. 아직 횔덜린을 이해하지 못하던 시절, 인간은 한계가 있었다. 한계, 그것은 인간의 상징이다. 한계 안에서 인간은 온전히 그리고 전체로 자기 자신이었으므로, 한계 너머 세상에 있는 다른 것도 역시 온전하고 완전했으며 분명하기까지 했다. 비록 인간에게 직접 그대로 와닿지는 않았다 해도, 그래도 역시 엄연히 존재하면서, 인간 바깥의 객관적 실체로서, 명명되지 않은 채, 인식되지 않은 채, 인간이 깨닫지 못하는 사이에 인간에게 작용했다.

에밀 브루너는 말했다. 복음은 그 시대의 언어로 번역되어야 한다고. 바르트 또한 그의 저서 《교리 개론》에서, 문제는 번역이라고, 예를 들자면 신문 언어로의 번역이라고 말한다. 이 세상에서는 우리가 교회언어의 형태로 말하는 것도 결국 세속의 말과 다를 바 없다는 것이다.

그러나 오늘날 세속어의 엔진은 너무도 강력하게 돌아가므로, 복음의 진리가 "시대의 언어"로 번역될 경우 그 소음에 묻혀 전혀 들리지 않을 것이다. 복음의 말들은 평범한 잡음어의 일부로 전락하여, 잡음어의 우연한 변조처럼 들릴 것이다. 난데없이 나타났다가 곧 사라져버리는 변조에는 아무도 관심을 기울이지 않는다. 이런 식으로 하여 복음의 언어는 소멸된다. 그리하여 "시대의 언어"는 구원되지 못하고, 저급함 속에서 더욱 강화될 뿐이다. 복음의 말조차도 자기 것으로 만들 자신이 있다는 듯 행동한다.

지금 이 시대에 복음의 언어가 자신의 본성을 보존할 수 있는 방법은, 세속언어의 엔진과 경쟁하며 더 큰소리를 내는 것이 아니라, 근본적으로, 철저하게 완전히 다른 언어가 되는 것이다. 근본적으로 철저하게 완전히 다른 언어로 인간을 변화시키는 것이다. 완전하게 다른 존재로 마법을 발휘하는 것이다.

그럼에도 불구하고, 잡음어가 진짜 언어에 온전히 파고들 것이란 예상은 틀린 생각이다. 최대치를 열망하는 듯이 보이는 것은, 그 최대치에 반드시 가닿을 필요가 없다. 인간은 어떤 현상을, 그것이 향하고 있는 그 하나의 방향에서만 보게 된다. 그것이 오늘날 본다는 것의 속성이다. 즉 여기 파괴된 언어에서는, 점점 파괴의 강도가 심해지는 방향으로만, 종말로 향해가는 방향으로만 보는 것이 가능하다. 그런 시각은 오직 하나의 시선, 최대치를 향해 직진하는 시선만을 따르므로 앙상할 수밖에 없다. 위험한 것은 그런 시선이 종말을 볼 뿐만 아니라, 직접 종말을 만들어내기도 한다는 사실이다. 완전히 다른 방향에서 다가와 파괴를 멈출 수 있는, 도움이 될 만한 가능성을 간과해버린다.

아마도 어떤 언어는, 분명 다른 언어보다도 더욱 심각하게 잡음어에 의해 침입당한 상태일 것이다. 한 언어가 다른 언어들을 대신하여 잡음어를 분명하게 만드는 역할을 넘겨받았을 가능성이 있다. 잡음어를 분명하게 만들고, 형상이 없는 것에게 형상을 주고, 인간에게 그것을 제시해 보이고, 그로 인해 인간을 교육하는 역할. 하나의 언어가 다른 언어들을 위해 그 역할을 떠맡는다. 이 헌신은 다른 언어들에게는 희망이며, 동시에 헌신하는 언어 자신을 위해서도 역시 희망이다.

전혀 손상되지 않은 언어가 태초의 형태 그대로 지금까지 남아 있는 건 아닌가, 하는 생각이 들 때가 종종 있다. 그러나 그것은 인간의 침묵보다 더욱 깊은 침묵에 파묻힌 상태다. 손상되지 않은 언어가 있다. 위협적으로, 침묵하면서. 그 위로 잡음어가 층을 이루며 덮여 있다. 그것은 아무것도 말하지 않는, 오직 소음이다.

신들도
모든 것을 다 이룰 수 없으므로
인간은 결국 심연에 다다른다. 그리하여
인간과 함께 반향이 되돌아온다. 시간은
길고, 그러나 진실은
발생한다.
(횔덜린)

[14]

말과 사물

1

잡음어가 장악한 언어에서 말은 오직 기호다. 사물은 휙 스치고 지나가는 존재일 뿐이다. 그것이 어떤 사물인가 하는 것은 거의 문제시되지 않는다. 하지만 인간은 사물의 거기 있음에 대해서 말로 대답해야 한다. 그것에 대답하는 것은 인간의 영예다. 인간은 사물의 이름을 불러줌으로써, 사물이 인간에게 도착했음을, 인간이 사물을 받았음을 창조자에게 알리는 것이다. 바로 그것이 인간이 말을 가진 이유다. 인간의 말은 다른 무엇보다도 창조자에 대한 대답이기 때문이다. 언어는 창조의 결산서다.

  하지만 시인은 이 이상의 일을 한다. 창조자가 창조한 것을 분명히 보았다고 알리는 것을 넘어서, 자신 주변의 사물을 말로 포착해내고, 시인 자신의 말로 묘사하여 다시 창조자에게 되돌려보내는 일을 한다. 시인의 말은 사물을 둥실 뜨게 만든다. 시인의 말은 경직된 명료함이 아닌, 둥실 떠가는 명료함이다. 그것이 시의 진정한 리듬이다. 그것이 사물을 인간에게로 데려온다. 하지만 동시에 사물을 다시 창조자에게로 둥실 떠가게 하기도 한다.

  객체는 말에게 정확히 둘러싸임으로써 말을 돕는다. 그것은 객체 안에 깃들어 있으면서 객체를 초월하는 과잉이다. 객체가 객체 자신으로 존재할 수 있기 위해 과잉은 필수적이다. 객체의 이 과잉은 말의 과잉과 조우하기를 기다린다(《언어의 선험성〉 장 참조). 그래서 객체는 말을 향해 밀려난다.

말은 그 자신의 순수한 사실성 너머에서 객체와 만난다. 그것은 모든 말 속에 들어 있는 초월이다.

2

말이 객체를 둘러쌀 수 있기 위해서는 우선 인간과 객체의 만남이 성사되어야 한다. 인간과 객체가 서로 만나는 것은 하나의 행위다. 일단 그러한 만남이 일어나면, 인간과 객체는 다른 모든 왕래로부터 격리된다. 그들이 마주치는 순간, 하나의 인간과 하나의 객체 이외의 다른 어떤 것도 존재하지 않는 상태가 형성된다. 태초와 같은 상태가 회귀한다. 태초의 모든 힘이 회귀한다.

그러나 인간은 이제 더 이상 객체와 만나지 않는다. 객체와 객체의 만남이 있을 뿐이다. 객체는 인간을 스쳐지나가기만 한다. 인간 스스로는 객체를 거의 건드리지도 않는다. 인간과 객체의 만남은, 마치 기계장치를 통해 이루어지듯, 미리 자동으로 다 처리된다. 만남이 인간에게 배달된다. 말은 객체가 인간에게 배달된다는 사실을 나타내는 기호에 불과하다.

많은 시인들이, 첫 번째 책에서만 이루어내는 것이 있다. 오직 첫 번째 책에서뿐이다. 객체와의 만남은 하나의 사건이 되며, 원초적이고 비범한 것이 언어 속에서 울린다. 최초로 언어의 매질 안에 발걸음을 내딛는 행위는 시적 본성이 체험하는 하나의 사건이다. 시성의 침입을 당한 말은 몸을 떤다. 그러나 대개 두 번째 책에 이르면, 객체가 있기도 전에 말이 먼저 등장하는 현상이 나타난다. 말을 가지고 객체를 찾아 헤맨다. 말은 시성을 기억해내려고 애쓴다. 그러나 말은 시성을 더 이상 갖고 있지 않다.

피지 섬의 원주민들은 두 개의 "코코야자 열매"를 말할 때 열 개의 "코코야자 열매"와는 다른 어휘를 사용한다. "코코야자 열 개"는 코코야자 여덟 개와 코코야자 두 개의 단순한 합이 아니라 완전히 다른 어떤 것이다. 두 개일 때와 열 개일 때의 만남 자체가 다르기 때문이다. 인간과 객체의 만남은 이토록 심도가 깊다. 여기서 숫자는 양이 아니라 질을 나타낸다. 숫자의 변화는 만남의 본질을 변화시킨다. 그래서 또 다른 특별한 어휘가 사용된다. 피지 섬의 원주민들은 인간으로부터 출발하여 객체를 응시한다. 객체에게서 곧바로 다른 객체로 향하는 것이 아니다. 두 개에서 열 개로 곧장 가는 것이 아니라, 자신에게서 출발하여 두 개의 코코야자 열매로 향하는 것이다. 자신과 객체의 만남이 중요하기 때문이다.

아프리카 에베족 언어는 서로 다른 서른세 개의 "간다"는 동작을 가리키는 서른세 개의 어휘가 있다. 자바어는 "서 있음"의 종류를 나타내는 열 개의 다른 어휘가 있고, "앉아 있음"을 뜻하는 어휘는 스무 개나 된다. 만남이란 이토록 비중 있는 사건이므로, 모든 만남은 각각 별개의 어휘를 가지는 것이다. 여기서 가고 있는 사람, 또는 세계 자체는 어느 하나의 상황과 조우하는 심도로 체험되는 것이지, 수많은 상황들과 만나는 양적 팽창 속에서 체험되는 것이 아니다. 간다는 행위의 모든 변종들은 저마다 고유하고도 유일한 의미를 지닌다. 이러한 언어는 단지 민첩하지 못하다는 점에서 원시적일 뿐이지, 본질적으로는 아니다.

티베트어에는 동등한 입장일 때, 하인을 대할 때, 그리고 상대적으로 신분이 높은 사람을 대할 때 각각 사용하는 세 종류의 말이 있다. "신분이 높은 사람에게 어떻게 지내느냐는 안부를 물을 때, 나는 그의 신체를 '쿠추'라고 말한다. 하지만 나 자신의 신체를 일컬을 때는 그냥 '쿠'라고만 한다. 하인이 내 손을 말할 때는 '치아그'이지만, 내 입장에서 그의 손은 '라그'다."(주제페 투치, 〈라사를 지나서〉) 하나하나의 만남은 이처럼 강렬하다. 모든 차이는 이처럼 특별한 어휘를 통해서 표현된다.

그리스어에서 두 사람 혹은 두 개의 객체는 특별하게 취급된다. 그래서 한 쌍의 형태로 특별한 명칭을 얻는다. 마찬가지로 여러 아프리카 흑인 부족의 언어에도 여섯이나 일곱 등의 수가 특별하게 불리고 있다. 여섯이나 일곱 개의 사물 혹은 인간이 서로 만나는 것은 특별한 사건으로 간주된다.

많은 아프리카 언어들은 오직 현재시제만을 다룬다. 미래나 과거는 모두 한꺼번에 "현재 아닌 것"으로 몰아서 표현할 뿐, 그 둘을 구분하지 않는다. 객체와 마주치는 그 순간은 너무도 강렬하여, 현재에서 과거나 미래로 떨어져나갈 수가 없다.

그에 반해서 "만개한 헛소리" 같은 유의 조합은, 말과 사물이 단단하게 결속해 있지 않은 환경에서만 가능한 표현이다. 활짝 핀 꽃을 지칭하는 "만개한"을 나무에서 뚝 잘라내 "헛소리"에 가져다 심을 수 있으려면 말이다.

그렇다고 하여 우리의 훨씬 역동적인 언어가 원시부족의 정적인 언어로 회귀해야 한다는 말은 아니다. 사물이 우리와 만나기도 전에 미리부터 우리의 역동적인 언어로 사물을 멀리 떼어놓지는 말아야 한다는 뜻이다. 대신 역동성 안에서 사물과의 만남을 분명히 만들어서, 만남이 역동성보다 더욱 강해지도록 해야 한다. 역동성 자체는 주된 목적이 아니고 단지 만남으로 이끌어주는 수단일 뿐이다. 아래 게오르그 트라클의 시에서 나타나듯이.

〈거룩한 가을〉

거칠게 한 해가 끝을 맺는다,
황금빛 포도주와 정원의 열매들로.
둥글게 침묵하는 숲들은 놀랍구나
고독의 동행자들이여.

농부는 말한다, 참으로 평화롭구나.
저녁 종소리는 길고 나직하니
마지막까지 행복감을 선사하고

철새의 무리가 작별인사를 한다.

때는 사랑에게 온화한 시간,
나룻배를 타고 푸른 강물을 흘러가니
풍경과 풍경들이 차례로 아름다워라―
고요와 침묵 속에서 하나하나 사라져간다.

역동적인 언어. 사방에서 다가오며 사방으로 흩어져가는 이미지에도 불구하고, 가을은 분명하게 여기, 이 시에서 모습을 드러내며 머물러 있다. 이 시의 가을은 모든 가을 중의 가을이다. 이것은 지상의 가을이 창조되기 전에 이미 존재하는 가을이며, 언젠가 이 지구가 더 이상 존재하지 않게 되는 그날 이후에도 모든 가을을 관통하며 계속해서 홀로 노래할 것이다.

가을이라는 이 사물은 말을 통해서 있다. 말이 사물이 될 때, 말은 행복한 과잉으로 나타난다. 사물이 거기에 있다. 그리고 말을 통해서, 사물은 다시 한번 거기에 있다. 이 과잉 안에서 언어는, 사물을 에워싸야 한다는 불가피성에서 풀려난다. 언어는 자유이며, 따라서 아름답다. 매번, 말이 사물을 온전히 말하는 데 성공할 때마다 인간은 행복하면서 동시에 우수를 느낀다. 언어에는 잃어버린 전체성에 대한 그리움이 깃들어 있다.

사물은 이 시를 통해서 거기에 있다. 그러면서 또한, 말과 함께 태초의 시간에 있다. 말과 사물이 탄생한 그 태초의 시간에. 그곳에서 은폐된 상태로 있으면서, 동시에 여기 환한 빛 아래 분명히 모습을 드러낸다. 태초의 어둠과 현재의 환함은 동일하다. 베네치아 산 마르코 성당 홀의 모자이크처럼. 노아의 방주, 대홍수, 방주 안의 인간과 동물 들이 지금 당장 눈앞에서 벌어지는 사건처럼 묘사된다. 그러나 그림 속 인물들 바탕에 깔린 황금빛 광채는, 홍수와 방주가 있었던 태초의 시대로 시간을 되돌린다. 황금빛 광채 속에서 태초와 현재는 하나로 연결된다. 그 광채 속에서 그들은 태초에 있는 동시에 지금 여기에 있다. 그리하여 한 번 일어난 일은, 일어나기를 멈추지 않는다.

3

말로 인하여 비로소 사물이 있다. 사물은 말로 인하여 부풀어 오르며, 말로 인하여 팽창한다. 그래서 사물은 말을 기다린다. 사물은 인간을 재촉하여, 인간이 그 이름을 부르도록 만든다. 사물들 사이에는 주목받고 싶은 경쟁심 같은 것이 있다. 그래서 인간의 주의를 끌어 인간의 말이 자신에게 오게 하려고 분투한다.

   말 스스로도 객체를 필요로 한다. 말은 객체에게 붙잡히고, 객체에 의해 보호된다. 하나의 사물과 함께 묶인 말은, 다른 말에게 쉽게 연결되어 끌려가지 않는다. 그것을 떼어내려면 특별한 행위가 필요하다. 객체에게 붙잡혔기 때문에, 말이 거기에 있다. 전체 언어가 거기에 있다. 그래서 설사 언어를 말하지 않더라도, 인간은 언어를 갖는다. 언어는 침묵하면서 이야기하는 객체들에 의해서 현존한다.

구약의 사물들은 우리의 눈앞에서 광폭하게 행동한다. 말은 사물에게 잡아먹혀버리고, 사물 스스로가 말을 한다. 그런 식으로 계속가다가는 곧 모든 말들이 전부 집어삼켜지고, 말이 없는 상태에서 이 세상의 사물들이 스스로 이야기를 할 것만 같다. 말은 사물로부터 증발한다. 이제 말은 또 다른 사물이 된다. 말은 사물을 둘러싼 외투와 다를 바가 없다. 한 번씩 신의 태풍이 불어오면 외투가 뒤집히고, 그러면 사물의 나신이 드러난다.

이곳 구약에서 사물과 말이 최초로 조우한다. 말은 사물과 요란하게 충돌한다. 그러나 말이 없으면 인간은 사물과 사건의 신적인 충격을 견뎌내지 못한다. 여기처럼 인간이 말의 다정함과 말의 완충효과를 느낄 수 있는 장소는 없다. 인간에게 주어진 회사물로서의 말을 이처럼 강력하게 느낄 수 있는 장소는 없다. 신에 의해 창조된 사물들, 말이 아직 가닿지 않은 사물들의 위협적이고 고독한 성격이 구약의 말들 아래서 느껴진다.

태초에 인간은 아직 어느 한 대상에게 완전히 사로잡혀 전율하는 중이었다. 인간은 스스로를 사로잡기보다는 다른 것에 사로잡힌 상태였다. 그는 감히 사물로부터 떨어져나와 추상의 세계로 들어설 엄두를 내지 못했다.

말 중에는 변신한 사물처럼 보이는 말들이 있다. 마치 대성당 석벽에 새겨진 새들이 돌을 깨고 튀어나와 하늘로 날아오르기를 기다리는 것처럼, 그들은 말을 꿰뚫고나와 다시 사물이 되기를 기다린다.

말이 침묵으로부터 급격하게 튀어나올수록, 침묵의 태초에서 튀어나온 말일수록, 말과 사물이 하나인 태초의 상태가 한순간이나마 재현될 가능성이 크다.

(베르그송이 "깊은 자아"라고 불렀던) 직관에는, 사물과 말 사이에 존재했던 완벽한 일치가 조금이라도 남아 있을지 모른다. 그러나 인간이 직관 스스로가 할 수 있는 것보다 더욱 분명한 상태로 직관을 몰고 가려 하면, 그 즉시 말과 객체 사이에 균열이 발생한다. 하지만 정신은 진리에 의해서 일치의 상태를 회복할 수가 있다.

아마도 말은, 사랑이 발생하도록 하기 위해, 객체 전체가 아닌 일부만 둘러싸는지도 모른다. 사랑은 일부에 불과한 것을 전체로 만들어준다. 그러나 말과 사물이 일치하는 곳에서는, 사랑이 치유를 행할 목적으로 올 필요가 없다. 그곳에서 사랑은 오직 사랑 자체로 온다.

객체를 완전히 둘러싸지 않은 말도, 미래의 일, 미래의 합일에 대해서 암시할 수 있다. 말은 객체에게 그 합일을 향해서 변화할 수 있는 자유를 준다.

4

누군가 내게 이런 글을 보내왔다. 만약 사물이 온전히 말 속에 있다면, 불이라는 단어를 말하는 사람은 혀가 불타버려야 하는 것 아닌가요?

그렇지 않다. 예를 들어 어떤 시 속에서 "불"이 말해진다면, 불은 실제로 눈앞에 있게 된다. 불이 타오른다. 심지어 혀에서 불이 타오르기도 한다. 그러나 혀가 불타 없어지는 것은 아니다. 단지 빛이 나면서 불꽃이 일 뿐이다. 불은 정화되었다. 파괴력 없는 화염이다. 불은 아무것도 태워 없애지 않고 영원히 타오르기만 한다.

불은 말에 의해서 비로소 불이 된다. 그전에는 타오르는 무엇이었을 뿐이다. 인간을 해칠 수 있고 위협하는 물질, 인간을 위압하는 물질, 그리고 인간이 말을 갖지 않은 곳에서는 실제로 인간에게 점화될 수도 있는 물질이었다. (그래서 말의 섭리를 이해하지 못하는 광인에게 불이 위력을 갖는다.) 불은 말에 의해서 길들여진다. "Feuer(불)"라는 말에서는 빛이 난다. F는 불을 붙이고, 이제 불이 타기 시작되면 eu에서 둥그스름하고 조망 가능한 형태로 불이 번져나간다. 마지막 음절인 er에서는 좀 사그라드는 기색으로, 위로 솟아오르던 불꽃이 아래로 떨어진다. 불은 말로 통치된다. 인간은 말로써 타오르는 것에 질서를 부여한다. 말 뒤에, "불" 아래에, 마법적인 것이, 위협적인 것이 여전히 이글거린다. 이 마법과 위협은 말과 함께 있으려 하지만, 동시에 말을 위협하려고도 한다. 이 마법의 성질은 분열적이다. 자기 자신과 인간, 양쪽 모두에게 속하려고 한다.

5

 오늘날의 말은 객체가 없다. 예를 들어 시는, 더 이상 자신이 노래하는 객체들을 통해 설명되지 않는다. 대신 시어를 명확하게 해줄 다른 어휘들을 추구한다. 말은 더 이상 객체에 기대는 것이 아니라 다른 말에 기대에 자신을 설명한다. 오늘날의 시인은 거의 항상 객체가 없다. 시인이 가진 것은 오직 말뿐이다. 카프카에게는 독자들이 사물을 짐작할 수 있는 공간이 남아 있다. 마치 지하의 공간에서 울려퍼지는 듯한 소리가 있다. 반향하는 공간의 메아리 속에서 독자들은 사람들의 이야기 소리와 사물들이 움직이는 소리를 듣는다고 생각한다.
 창조가 있었던 태초의 시간에 사물은 말없이, 이름없이 거기 있었다. 오늘날 말은 사물없이 거기 있다.

 말과 단단히 결속된, 사물의 완전한 바깥인 외부 세계가 있을 것이다. 그 외부 세계는 인간이 말로부터 저절로 떨어져나오지 않도록 보호해주는 역할을 한다. 인간이 자기 자신을 매 순간 감시할 수는 없다. 그랬다가는 지쳐버릴 것이다. 사물의 외부 세계는 언어를 안전하게 지키며, 그 역도 마찬가지다. 그렇지 않다면 인간은 이야기하기를 멈출 엄두를 내지 못하리라. 이야기하면서 말을 눈앞에 잡아두고 있지 않으면, 말이 사라져버릴 것 같아 너무 두렵기 때문이다.
 말이 객체를 잃으면, 말은 단순한 기호에 불과해진다. 그냥 스치고 지나가버리는 것, 스치고 지나가는 다른 것으로 언제든지 대체 가능한 존재로.

말로부터 떨어져나온 객체는, 자기 자신으로 되돌아오고, 인간이 원하는 것이 아닌 객체 자신이 되고자 원하는 것으로 변한다. 더 이상 인간에 의해 말해지지 않는 사물은, 자기 스스로를 통해 말하기 시작한다. 말에 의해서, 말의 표준에 의해서, 말의 주술적 힘에 의해서 통제되지 못하는 사물은 무한정으로 자라고 또 자란다. 사물은 성장을 통해 말과 가까워지는 것이 아니라 더욱더 자기 자신에게로 속하게 된다. 점점 새로운 표준을 향해 자라면서, 점점 새로운 표준에 맞추어 자신을 가리켜 보이려고 한다. (그러나 실제로 사물은, 더 이상 사물을 갖지 못하므로 말 또한 갖지 못하는 인간을 가리켜 보일 뿐이다.)

사물이 말의 통제 영역 바깥에 있기 때문에, 단지 그 이유로 오늘날 사물은, 공장이든 도시든, 거대하게 팽창할 수밖에 없다. 기계들로 가득 찬 공장의 사면 벽은 공간의 끝이 아니라, 자꾸만 새롭게 나타나는 공장을 향해 열려 있는 문과도 같다. 도시는 스스로 자꾸만 팽창해나가는 암석과도 같다. 가만히 있는가 싶다가도, 금방 여기저기 틈새의 공간들이 생겨나고, 거리와 광장이 만들어진다. 그리고 계속해서 다시 돌처럼 굳건히 뚜벅뚜벅 앞으로 진행한다. 끝도 없이. 인간은 당황하고 소외된 채, 이러한 암석의 움직임을 어떻게든 따라잡아보려고 한다. 앞서서 진행하는 돌의 커다란 보폭에 보조를 맞추어보려고 한다. 종종 인간은 도로에서는 자동차를 타고, 도로 상공에서는 비행기를 타는 식으로, 자신이 더 빠른 존재인 척 과시하고 싶어한다.

미국과 러시아. 인간은 이런 거인의 본질을 움켜쥘 만한 말을 갖고 있지 않다. 그래서 이 두 나라는 갈수록 커지기만 한다. 그들은 크기로 말한다. 양적 팽창이 곧 그들의 말이다. 그들의 말은 초인적이고 초사물적이다. 신적인 전율은 거대함이 불러일으키는 가상 전율로 치환된다.

이것은 실제로 거대함의 폭동이다. 이것은 말로 보호받지 못하는 사물의 폭동이다. 폭동 속에서, 위협적으로 드러나는 것은 인간이 아니라 사물이다. 이런 폭동을 통해서 사물은 이야기한다. 인간의 말이 그들을 향해서는 이야기되지 않았기 때문이다.

6

말이 세계와 객체를 둘러쌀 뿐만 아니라, 말 또한 세계에 의해, 객체에 의해 둘러싸인다. 인간이 사물을 응시할 뿐만 아니라, 인간 또한 사물에 의해 응시당한다. 인간이 사물을 응시하기 이전에 먼저 사물이 인간을 응시한다. 사물의 응시에 대한 인간의 대답이 바로 말이다. 응시당한다는 사실에 대한 대답을 사물에게 건네면서, 인간은 비로소 언제나 질문만 하는 존재로부터 벗어난다. 대답은 열려 있던 것, 즉 사물의 질문을 덮는다. 대답은 질문하는 사물의 눈꺼풀을 가볍게 닫는다.

"질문은 사고의 독실함이다."(하이데거) 뿐만 아니라 질문은 사물의 독실함이기도 하며, 대답은 인간의 독실함이다. 오늘날 말은 질문만 할 줄 안다. 그 어떤 단정의 문장이라 해도 결국은 보류된 질문일 뿐이다.

사물의 질문에는, 사물의 응시에는, 신의 시선이 흔적으로 남아 있다. 인간을 향한 신의 질문이 들어 있다. 이 흔적에서, 오직 이 흔적에서만 사물은 신의 대리인이다. 그러므로 인간이 말을 갖는 것은 인간이 이성의 섭리를 따르기 때문만은 아니다. 이 세상의 섭리가, 객체 속에 있는 섭리가, 인간의 사고를 돕기 때문이다. 객체는 인간과 더불어 사고한다. 객체는 인간의 발아래 굴복하지만, 그러나 인간과 함께 있다. 인간은 스스로 사고할 뿐만 아니라, 사물로부터 사고되기도 한다.*

7

인간은 정신으로 사물을 둘러싼다. 사물을 둘러싼 채로 인간은

---

* 객체 안에 있는 과잉(155쪽 참조)은 말뿐만 아니라 인간의 존재 전체를 돕기도 한다. 인간은 사물에게 대답함으로써 이 과잉에 참여한다. 나는 말과 침묵, 그리고 시선과 몸짓을 통해 완벽한 방식으로 눈앞의 사물에게 대답할 수 있는 친구를 한 명 알고 있다. 그의 삶은 매 순간순간이 사물에 대한 대답 그 자체다. 그런 식으로 그는 말의 진정한 의미를 살아간다. 자신이 마주친 사물들을 온전히 보유하는 능력을 통해서만이 그는, 중병을 앓는 환자인 그는, 건강한 사람처럼 살아갈 수 있기 때문이다. 질문을 던지는 사물을 응시하고 거기에 대답을 하게 된다면, 인간은 더 강해질 것이다.

사물의 이름을 부른다. 여기서 정신은 사물 안의 어떤 본질을 이름 속으로 가져온다. 그러므로 말에는 사물의 어떤 본질이 들어 있게 된다. "야콥 뵈메의 전기작가이자 친구인 한 명망 있는 의사는 뵈메에 대해서 다음과 같이 말했다. 뵈메는 내면의 혜안을 통해 사물의 올바른 원래 이름(예를 들면 식물의 이름 등)을, 사람들이 의도적으로, 혹은 실수로 갖다 붙인 잘못된 이름으로부터 언제든지 즉석에서 구분해낼 줄 알았다고 …… 이것은 사람에 따라서 저마다 원하는 방향으로 다르게 해석을 내릴 여지가 있다. 하지만 그래도 여기서 한 가지 확실한 것은, 사물의 이름은, 사물이 우리에게 나타나는 방식 그리고 사물의 속성과, 우리가 흔히 생각하는 것보다 훨씬 더 본질적이고 심오한 연관성을 갖고 있다는 점이다."(G. H. 슈베르트, 《영혼의 역사》)

사물의 본성은 말 속으로 침투하여 작용한다. 말의 철자가 만들어내는 소리는, 사물의 본성이 묻혀 있는 사물의 얼굴이다. 더 나아가서, 철자들은 사물의 본성이 그대로 찍혀 있는 부조와도 같다. 그런 이유로 글자의 정서법은 단지 용도와 효율에만 맞추어 변화시킬 수가 없다. Thräne("눈물"의 과거식 정서법, 현재는 Träne이라고 쓴다—옮긴이)라는 어휘 속에 들어 있는 철자 h는 그 속에 담긴 한숨이며, 눈물에 앞서서 터져나오는 아! 하는 탄식이기도 하다. "ae(ä)"에는 고통의 용적이 담겨 있다. 울고 있는 얼굴의 찡그림이 복모음 "ae"에서 그려진다.

그리움(Sehnsucht)에서 h에 의해 길게 늘어나는 e는, 그리워하는 자와 그리움의 대상 간의 거리감을 나타낸다. 그것은 둘 사이를 갈라놓은 거리 너머를 응시하는 먼 바라봄이다.

h가 빠져버린 눈물(Träne)에는, 그 속에서 들리던 아! 하는 한숨소리가 사라진다. 그 한숨은 눈물이 솟아나는 원천이었다. 복모음 ae를 없애버리고 대신 간단하게 e만을 사용해서 "Trene"라고 쓰면, 복모음이 고통을 위해 마련했던 너비와 공간감이 실종된다. 따라서 고통을 받아들일 시간도 사라진다. 이제 더 이상 "ae"의 소리와 함께 얼굴을 찡그리는 고통의 인상도 떠오르지 않는다. 눈물(Thräne)을 오직 눈물(Trene)로, 오직 염화나트륨(NaCl)을 함유한 액체로 간주하는 인간은, 자신이 다른 인간에게 해를 가할 때 그 사람도 아! 하고 고통의 탄식을 내뱉는다는 것을 알지 못한다. 그는 타인을 해치워버린다. 그가 말을 해치웠던 것처럼.

"우리의 크라튈로스는 주장한다. 모든 사물마다 그 사물의 천성에서 그대로 빠져나온 하나의 올바른 명칭이 존재한다고. 그런데도 몇몇 사람들끼리 합의를 통해 자기들이 가진 소리의 저장고에서 임의로 말조각들을 꺼내 그 사물을 가리키는 이름으로 제멋대로 정해버린 것이라고. 그런 식으로 결정된 것은 그 사물의 진짜 이름이 아니라고. 이름에는 자연에서 유래하는 공정함이 있고, 그 공정함은 어느 누구에게나 동일하다고."(플라톤,《크라튈로스》)

인간은 사물의 객관성을 말 속으로 가져간다. 말을 하면서 인간은 객관성과 연결된다.

말이 음성기호처럼 환원되는 경향은 경악을 불러일으킨다.

이러한 환원은 보편적인 환원, 인간 현상의 전반적인 수축을 암시하는 표시다. 수축의 획일성과 균일성은 경악스럽다. 그것은 마치 하나의 중심부가 모든 현상으로 이루어진 본질을 몽땅 빨아들이는 것과 같다. 모든 현상들이 자신만의 방식으로 종말을 맞는 것이 전혀 의미가 없다고 주장하는 듯하다. 모든 것은 삭막하고도 동일한 위축된 시각에 내맡겨진다.

8

말이 사물의 이름을 부르는 방식은, "한 언어의 심장부"(프리조 멜처)로부터 결정된다. 한 언어의 심장부는 한 민족의 내면과 외면 세계가 신 앞으로 나아갈 때 발생한다. 그것은 한 민족의 언어에게는 영원의 순간이며, 그 순간이 바로 언어의 심장부다. 한 민족이 그 최초의 결정 아래 머무는 동안, 언어의 심장부도 유지된다.

심장부는 언어의 모든 곳에 있다. 하지만 그 어디에서도 잡히지 않는다. 모든 말과 가까이 있지만, 그러면서도 어떤 말에게는 다른 말보다 더욱 가깝지만, 그 어떤 말도 심장부에 완전히 가닿지 못한다.

그리스어에서 달(month)은 μήν 즉 "측정하는 것"이라고 한다(이것은 달(moon)의 어원이기도 하다). 그러나 라틴어에서는 달(month)뿐만 아니라 달(moon)도 루나(luna) 즉 "빛나는 것"이라고 불린다. 어느 곳에서는 측정하는 것이었다가 어느 곳에서는 빛나는 것이 된다고 하여, 명칭 자체가 상대적일 수는 없다. 인간에게 "루나"는 "μήν"보다 덜 의미심장하지 않은 것이다. 로마의 법제와 라틴어 규칙의 심장부가 달(moon)을 빛나는 것으로 규정하지만, 이 빛나는 것이 사물과 말의 질서라는 전체성에 연결되어 있으므로, 달의 빛나는 성질은 우주 전체 질서 내에서 일어나는 모든 사건에 참여한다. 그리하여 "루나" 즉 "빛나는 것"은, "측정하는 것"에 관해서도 알고 있다. "루나" 즉 "빛나는 것"은 그 이름 아래서 모든 것을 비추며, 루나 자신이 측정되는 곳, 루나 자신이 측정하는 곳을 향해서도 빛을 비추어준다. 역시 마찬가지로 "μήν" 즉 "측정하는 것"도, 은은하게 빛나는 달빛을 측정하며, 그리하여 달의 빛나는 성질은 측정하는 성질과 공유된다. 한 언어와 한 질서의 심장부에 의해 규정되는 말은, 결코 빈약하지 않다.

모든 말에게 영양을 공급하는 언어의 심장부는 유지되어야 한다. 그렇지 않으면 개별 말이 자신의 본성을 온전히 보존하지 못한다.

언어의 심장부가 건강하다면, 예를 들자면 "내면의 공간"은 영혼의 내면 공간 혹은 대성당의 내면 공간을 의미하게 되고, 그 둘은 서로 뒤섞여 있다. 이 언어의 심장부에서는 내면의 공간이란 말이 여성의 "질 내부"를 의미한다고는 생각되지 않는다. 단지 그 말이 언어의 심장부 아닌 다른 곳에 맡겨졌을 때, 정신분석학과 같은 그런 분야일 때, 비로소 내면의 공간은 텅 빈 곳, 컴컴한 곳, 방과 유사하게 생긴 곳 등의 의미로 이탈할 수가 있다.

편평한 들판에서 갑작스럽게 바위가 하나 우뚝 솟아 있는 것을 마주친 사람은, 끝없는 들판 한가운데 홀로 서 있는 그 바위의 고독과 하늘 때문에 깜짝 놀라고 만다. 하늘이 마치, 자신을 향해 손을 뻗으며 구원을 갈구하는 바위의 고독을 피해 달아나는 것처럼 보이기 때문이다. 정신분석가들이 늘 하는 말처럼, 하늘로 돌출한 바위에서 자동적으로 남근을 연상하는 그런 일은 전혀 일어나지 않는다. 그럴 때 사람은 바위의 고독 곁에 머문다. 연민으로 인해 사람은 고독한 것 곁에 머문다.

말의 상부 의미, 즉 "영혼의 내면 공간"이나 고독의 "돌출 바위" 등이 뚜렷하게 드러나는 것은, 말의 하부 지층도 광휘의 영역에 참여하게 하려는 배려이기도 하다. 어둠 속에 묻힌 지층은 밝은 상층부로 나가기 위해 스스로 상층으로 밀고올라온다. 그러나 정신분석학은 이 어두운 말의 하부 지층에 인공적인 조명을 쪼여 밝게 만들고, 상부 지층을 어둡게 한다.

환한 상층부와 관련한 이야기. 여신 아프로디테의 비둘기가 승리를 눈앞에 두었을 때, 여신의 비둘기는 단순한 비둘기로 변해버릴 수도 있었다. 그런데 그때 신의 비둘기가 높이 날아올라 성령이 되었다. 그러자 아프로디테와 동행했던 비둘기는, 지금 성령의 비둘기가 있는 광채 속으로 그대로 흡수되어버린 듯했다. 마치 처음부터 그곳에 머물기를 간절히 원했다는 듯이.

[15]

말과 행위

1

손상되지 않은 말에는 말 자체를 넘어서는 과잉이 있다(〈언어의 선험성〉 장 참조). 이 과잉은 말에 깃든 신의 흔적과 관련이 있다. 말 속의 과잉은 행위에서도 자신을 드러내고 싶어한다. 그러한 말로부터 유래한 행위에는 충만한 과잉이 있다. 그것은 협소한 말기호가 양산하는 행위처럼 오직 목적을 이루기 위한 도구가 아니며, 또 그처럼 단선적이지도 않다. 행위는 과잉에 의해서 즉흥적이고 창조적이며 다양하지만, 그러면서도 동시에 과잉에 의해서 억제된다. 행위는 자신의 근원을 잊지 않는다. 행위는 주저하면서 움직이다가, 다시 말로 되돌아간다. 행위는 자신으로부터 발생하는 사건보다는 자신의 출처인 말과 더욱 묶여 있다. 행위는 홀로 고립되지 않고 말의 과잉에게 둘러싸여 있다. 행위는 말에 속한다. 행위는 말 안에서 보호받는다. 행위 속으로 완전히 실현되지 못한 과잉의 잔여분이 항상 얼마간 말에 남아 있다. 그것이 말을 보호하며, 그로 인해 행위도 보호한다.

동물은 특별한 동작으로 행위를 만드는 사람과는 다르다. 행위는 동물의 본질 전체에 스며들어 있다. 동물은 행위에 의해서 존재가 증가하지도, 감소하지도 않는다. 세계는 동물의 행동을 통해 그 어떤 과잉도, 그 어떤 결핍도 체험하지 않는다. 동물은 그의 현존 이상의 것도, 이하의 것도 생산하지 못한다. 나비는 난다. 설사 그가 날지 못한다 해도. 그의 형상 속에 이미 난다는 행위가 기본적으로 포함된다.

2

모든 말에 앞서는 인식이 존재하듯, 모든 말에 앞서는 행위 또한 존재한다. 공격당하면 자신을 방어하고, 고통을 느끼면 신음하고, 배가 고프면 먹는다. 이런 것들이 모두 하나로 묶여서 나란히 놓여 있다. 인간은 말을 가짐으로써, 언어가 없는 피조물들과 구분된다. 하지만 말이란 매개체 없이 발생하는 이런 행위들에 의해서, 인간은 말없는 피조물들과 연결되어 있기도 하다. 이것은 본능행위다. 본능행위에는 말과 행동 사이에 괴리가 없다. 거기에는 일치의 힘이 있으며, 괴리가 발생하면 그 틈을 메우기 위해 도울 줄 안다. 본능적 행동은 늘 인간 속에 내재한다. 설사 반드시 외부로 실행되지 않을지라도, 잠재적인 영향을 미친다. 인간의 내부에는 말과 행동 사이에 괴리가 없는 하나의 우주가 존재한다. 본능행위가 위축되지 않은 인간은 자기 자신이나 타인들에게 조금도 문제를 일으키지 않는다. 심지어 그의 행동과 말이 완전하게 일치하지 않는 지점에서조차 그렇다.

 본능행위는 말과 행동 사이에 아무런 괴리가 없던 낙원의 상태에 대한 기억이다. 물론 본능행위도 다른 행동과 마찬가지로 어떤 시간의 영역 안에서 일어나지만, 여기서 시간의 존재는 별 의미 없는 우연에 가깝다. 본능행위의 시작과 끝은 하나로 합쳐진 듯이 보인다. 본능행위가 서둘러 일어나기 때문에 그런 것이 아니다. 도리어 반대로 그것이 시간의 흐름 외부에서 수행되므로 서둘러 일어나는 것이다. 본능행위는 과거도 미래도 없고 오직 현재만이 있는 어떤 하나의 시간에 속하는 듯하다.

여기서는 공간 또한 하나의 유일한 공간이 된다. 가을이 돼서 철새들이 이집트로 날아가면, 그때 근본적으로, 그렇다, 근본적으로, 이집트는 이미 새들과 함께 있는 것이다. 이집트와 이곳은 새들에게는 하나다. 새들은 유럽과 이집트에서 모두 어떤 하나의 공간, 어떤 하나의 시간에 있다. 새들이 이집트를 향해 날기 시작하면, 그들은 이미 이집트에 있다. 그들은 내면에 이집트를 갖고 있으며, 그렇게 자신의 내면을 향해서 날아간다.

본능행위에서 시간과 공간은 여러 종류로 분리된 것이 아니라 하나의 유일한 통일체일 뿐이다. 인간은 자신의 본능행위가 갖는 성급함뿐만 아니라, 섬뜩하면서도 동시에 환희로운 기억에 의해서도 전율한다. 바로 낙원상태에 대한 기억이다.

3

말에 과잉이 없다면, 말은 기호일 뿐이다. 하나의 기호는 행위를 유발하는 다른 기호에 의해서 쉽게 대체된다. 손상되지 않은 말, 그 말의 과잉으로부터 유래하지 않은 행위는 앙상하고 기계적이다. 그런 행위에서는 더 많은 것이 행해진다. 인간이 원하는 것보다 더 많이 행해질 뿐 아니라, 행위 자신이 원하는 것보다 더 많이 행해지기도 한다. 행위는 무제한이 되고, 자신의 시작이었던 기호로부터 스스로 독립해 나온다. 말이 자신을 추구해주지 않으므로, 행위는 무제한과 증폭 속에서 스스로를 추구한다. 하나의 행위는 다음 행위를 기다리고, 다음 행위는 다시 그 다음 행위로, 또다시 그 다음 행위로 이어진다. 행위가 행위를 낳는다. 기술이 아니라, 기술의 무제한성이 발생한다. 무제한의 기술은 말이 단순한 기호로 축소되어버린 언어에서 나온다. "세상을 다스리는 선한 이치는 언어의 절제에 달려 있다."(공자)

심연도 배후관계도 갖지 못한 말, 말기호, 모든 것이 단번에 표현되어버리는 제한 없는 기술의 단일성과 피상성. 그런 기술의 배후에는 아무것도 없다. 그런 기술은 자신의 기능 이외의 것은 아무것도 말하지 못한다. 파괴된 말, 말기호 그리고 무제한의 기술은 서로서로 상응하는 성질이 있다. 단선적인 말기호는 곧장 단선적인 행위와 단선적인 기술에게로 이어진다. 말은 더 이상 행위 전체를 덮는 궁륭이 아니다. 대신 행위의 시작을 알리는 신호이며, 행위가 채 끝나기도 전에 행위 안에 속해버린다.

"말은 좀 더 직접적이고 좀 더 효과적인 행위로 대체되어야 한다. 매개체를 통하지 않고도 성취되며 자신의 출처인 불안을 조금도 포기하지 않는 행위로 말이다." (브리스 파랭의 이 문장에 대해 사르트르는 다음과 같이 멋지게 코멘트를 한다. "이제 우리는 인간 본질의 최경계선, 긴장의 극단적 수준에까지 도달했다. 이곳에서 인간은, 스스로를 관찰하는 비인격적인 관객으로 자기 자신을 간주하려 한다.")

행위의 놀라움은, 더 이상 말 속에 깃든 과잉 자체에서가 아니라 과잉의 놀라움에서 나온다. 그것은 의사-놀라움이다. 그것은 기술의 연합과 불화에서 탄생하며, 기술의 무제한성과 무절제성이 그 원인이다. 과잉의 충만이 원인이 아니라, 무제한의 실험으로 놀라움을 양산해보려고 하는 빈곤함이 원인이다.

인간은 더 이상 행위를 다스리지 못한다. 행위가 인간을 지시한다. 인간은 행위를 통해 경험을 하지만, 이때 인간은 자율적인 그 행위의 질료로서만 경험에 참여하는 것이다. 말을 갖지 못한 대중은, 그럼에도 불구하고 "행위로의 이행"을 바란다.

여기에 하이데거 철학의 근간이 있다. "인간의 본질은 존재로부터 나온다." 더 이상 말의 질서에 따르지 않게 된 인간은, 대신 존재의 질서를 따른다.

행위가 우선이 된다. 말은 단지 행위의 부수적인 소리일 뿐이다. 더 이상 말은 행위를 유발하지 않고, 대신 행위가 말을 유발한다. 부차적으로 유발한다. 인간은 더 이상 인간의 구조를 갖지 않는다.

오늘날은 언어조차도 안정적이 아닌 역동적인 말목록으로 가득하다. 언어는 동력을 갖추었다. 인간은 언어에 의해서, 원하는 정도보다 더 과도하게 행위로 이끌어진다. 오늘날 인간은 이야기를 하는 동안에조차, 원하는 것보다 더 많이, 그리고 자신에게 허용된 정도보다 더 심하게 역동적이 되어간다. 언어의 역동성이 인간을 장악한다. 수동적이면서 정적인 말은, 짧은 휴식시간처럼 역동적인 말과 말 사이에 잠깐씩 놓일 뿐이다. 수동성도 인간 안에서 설 자리를 잃는다. 수동성은 침묵을 필요로 하는데, 오늘날의 말과 인간은 침묵을 갖지 못했기 때문이다. 침묵, 비역동적이며 정적인 말들은 놀이처럼 오직 아이들에게만 남아 있다.

4

인간이 더 이상 행위를 위한 말을 갖지 않으면, 행위 스스로가 말을 집어삼키기 시작한다. 이제 행위가 순수하게 행위로서 인간에게 이야기한다. 폭발행위, 도시의 화재, 공장으로 향하는 수천 명의 노동자들의 행렬, 이것은 마치 그들이 공장뿐 아니라 이 지구 전체를 가득 채우고 있다는 인상을 준다. 행렬의 짙은 어두움과 대지의 어두움 사이에는 아무런 차이가 없다. 그 행렬 속에는 모든 혁명의 모습이 말없이 들어 있다. 대도시의 거리를 가득 메운 인간들, 그것은 깊숙한 지하의 지층을 뚫고 위로 올라온, 건물과 건물 사이 틈새의 지표면을 찢고 튀어나온 또 다른 인간종의 탄생을 알리는 선발대와 같다. 어두운 밤 산업지대의 굴뚝에서 위협적인 기세로 활활 솟아오르는 불길, 그것은 시작이 아니라 찌꺼기이며, 불타는 대지와 하늘의 종말이다. 이 모든 것이 말없는 행위에 해당한다.

그러나 아무것도 없는 단순한 행위라 해도, 그것이 아무것도 그리워하지 않는 건 아니다. 말없는 행위에는 불안과 기대가 들어 있다. 독창적인 말, 질서를 부여하는 말이 행위에 깃들기를 바라는 기대가.

[16]

말의 시간과 공간

1

인간은 말로 인하여 비로소 현존한다. 말이 현재를 창조한다. 말이 있기 이전, 시간은 모호했다. 서로 뒤엉켜 불분명한 형태로 와해되는, 과거에서 현재와 미래로 넘어가는 장기적인 과도기가 있었을 뿐이다. 말에 의해 창조되는 현재는 너무나 강렬하여, 늘 거기 현존하고 있었던 것만 같다. 그 강렬한 현재 안에서 과거와 미래는 흡수되어버린다.

말은 두터운 보호막으로 둘러싸여 있다가, 현재에 이르러서야 비로소 보호막을 벗는다. 말은 현재에 이르러서야 자기 자신이 된다. 그러나 모든 말이 당장 현존하기를 바라지는 않는다. 보호막 속에 머물고 싶어하는 말들도 종종 있다. 그것은 앞으로 도래할 미래에 보호막을 벗고 현존하게 되리라는 약속이다.

하나의 문장은 시간 속에서 진행된다. 문장은 시간과 함께 말해진다. 하지만 시간 속에서의 진행과는 별개로, 문장은 어느 한순간에만 현존한다.

"커다란 배 한 척이, 막 여기 운하에 도달하려 한다."(괴테) 한 척의 배가 서서히 다가오는 것이 보인다. 이 느린 움직임 속에서, 모든 가능한 사건이 일어날 수 있다. 배는 운하에 정박할 수도 있고, 방향을 틀어 운하의 다른 지류로 계속 항해할 수도 있다. 갑자기, 커다란 배가 눈앞에 있다. 배는 단순히 거기 서 있는 것만이 아니다. 지금 배는 자신의 전 항해를 포함하며 현존하는 것이다. 하늘과 바다가 맞닿는 머나먼 수평선이 그 안에 있으며, 맞닿은 하늘과 바다가 다시 서로에게서 떨어지면서 배가 그 사이로 사라져가는 머나먼 수평선도 그 안에 있다. 현재, 과거, 미래는 각자 자기 자신으로서 거기 있지만, 나란히 공존한다. 현재, 과거, 미래는 각자 따로 자신의 길을 가고 있지만, 동시에 하나의 조화 속에서 공존한다. 스스로 시간의 흐름 안에 있으면서 시간의 상층부에 존재하는 말의 정신을 통해서 그것이 가능하다. 그리하여 한순간, 말의 한순간, 낙원의 조화가 다시 한번 지상에서 형성된다.

시간이 분리되지 않을 때, 정신은 산산이 흩어진 시간의 파편들로부터 자신을 다시 주워모을 필요가 없다. 정신은 전체로서 거기 있다. 시간은 스스로 정신의 전체성을 향해 간다. 그리하여 정신 안에서 스스로를 가득 채운다. 시간은 충만해진다.

인간은 분리되지 않은 시간으로부터 멀리 떨어졌다가 다시 그 시간을 향해 진행하는 방향으로 살고 있다. 분리되지 않은 시간에서 인간은 중심에 배치된다. 분리된 시간, 즉 시계의 시간이 마치 시계바늘처럼, 분리되지 않은 시간 주위에서 원을 그리며 돈다.

분리되지 않은 시간은 내부의 시간이다. 그것은 흘러가는 시계의 시간과 상반된다. 시계의 시간은 충만한 전체성, 분리되지 않은 시간에 대한 기다림이다. 시계의 시간에서 패배한 인간은, 기다리는 자가 되어 그 시간을 분할하고 측정한다. 근본적으로 시간의 측정이란 전체 시간으로부터의 거리를 측정하는 일이다. 그것은 영원히 끝나지 않는, 헛된 작업이다.

오늘날 시계의 시간은 서둘러 흐른다. 마치 스스로의 종말을 얼른 맞이하고 싶다는 듯이.

사랑은 분리되어 흐르는 시간의 외부에 있다. 그래서 연인들은 시간의 흐름을 알아차리지 못한다. 연인들은 사랑하면서 시간을 창조해낸다. 사랑의 영역인 분리되지 않은 시간에는 연인들 스스로가 사용할 수 있는 것보다 더 많은 시간이 있기 때문이다.

2

정신이 내재하는 말은 공간 또한 창조해낸다. 드넓은, 끝없이 무한한 것은 말에 의해서 표시가 만들어지고 경계가 그어진다. 내부의 시간이 있는 것처럼, 내부의 공간도 있다. 내부의 공간 속에서는 멀고 가까움이, 이곳과 저곳이 하나다. 내부의 공간 속에서 인간은 가만히 휴식을 취하지만, 그러면서도 동시에 모든 장소에 있게 된다. 사랑하는 연인들은 이 내부의 공간 속에서 산다. 연인들은 서로 가까이 있지만, 아무리 가까워져도 그 가까움은 충분하지 않다. 연인들은 서로에게로 더욱 가까이 다가가기를 원한다. 가까움 속에 거리가 있다.

시인은 이 내부의 공간에서 시를 쓴다. 시는 매 순간 가까움 속으로 멂을 가지고 오며, 동시에 가까움을 멀리 떨어진 곳으로 흘러가게 만든다. 그리하여 시는, 이곳 한 사람 앞에서만이 아니라 동시에 모든 곳에서 노래되는 듯하다. 시는 이곳에서 노래하지만, 동시에 모든 곳에서 들려오기도 한다.

정신으로부터 이탈한 파괴된 말, 즉 잡음어는, 더 이상 공간에 경계를 만들 능력이 없다. 그러기를 원하지도 않는다. 그것은 어디에나 있으며, 스스로 증식을 거듭하며 순수한 덩어리가 되어 사방으로 뻗어나간다. 그러나 진정한 말은 정신을 통해 존재한다. 정신을 통해 자신 이상의 것이 되며 정신을 통해 어디에나 있게 된다. 잡음어는 정신의 편재를 악마적으로 모방한다. 그래서 이제 더 이상 잡음어에 현재는 없으며, 과거나 미래도 없다. 그 세 가지 시간은 통일된 조화 속이 아니라 서로 뒤엉킨 혼돈 속에 있다. 시간은 추방당했다. 잡음어에게 쫓겨났다. 시간은 잡음어 안에서 짓눌리고 뭉개졌다. 오직 잡음어로 가득 찬 공간이 있을 뿐이다. 그것은 이제 더 이상 공간이 아니라, 단지 어떤 것에 지나지 않는다. 원래는 공간이어야 할 그 어떤 것을 잡음어가 가득 채운다.

시간은 추방당했다. 그리하여 사랑이 추방당했다. 시간과 사랑은 서로가 서로에게 속한다. 말은 객체를 둘러싸야 하며, 그러기 위해서 시간이 필요하다. 그런 과정을 거친 다음에야, 객체가 들어 있게 되었고 여전히 들어 있는 시간이 눈에 보이게 된다. 그런 다음에야 객체는 자기 자신이 되고, 자신에게 속하면서 현존하게 된다. 하나의 객체에게 시간을 준다는 것은 그에게 본질을, 사랑을 준다는 의미다. 사랑이 없으면, 객체 또한 현존할 수가 없다.

시간을 통해 사랑을 기억하지 않기 위해서, 인간은 언어로부터 시간을 쫓아낸다. 혹은, 더 이상 사랑을 갖고 있지 않으므로, 인간은 언어로부터 시간을 쫓아낸다. 사랑이 없는 세상은 시간이 없는 언어를 만들어낸다.

[17]

말과 인간의 형상

1

인간의 얼굴은 동물의 얼굴과는 달리 신체의 단순한 연장이 아니다. 인간의 얼굴은 아래에서 위로 올라오다가 목적 지점에 도달하여 형성된 것이 아니라, 위에서부터 내려와 그 자리에 안착한 것이다. 여기는 종착점이다. 여기에서 더 멀리 나가는 것은 불가능하다. 여기에서 그것이 완전히 새롭게 다시 시작되어야 한다. 그것은 말이다.

인간의 얼굴은 어떤 놀라움의 표상으로 육체 위에 나타난다. 말도 마찬가지다. 놀라움을 불러일으키며, 전혀 예상치 못한 방식으로 발원한다. 놀라움은 단지 찰나의 한순간뿐이지만, 그것으로 충분하다. 인간은 얼굴 이외의 다른 것이 신체 위에 자리할 수 없음을 알아차린다. 말 이외의 다른 것이 인간의 얼굴에서 나올 수 없음을 알아차린다. 처음 순간은 놀라고, 다음 순간 그 놀라움을 인정한다. 창조의 직접적 행동으로 가능해진 어떤 현상 앞에서, 인간은 그렇게 된다.

초기 그리스 문화의 조각상은 인간의 사지를 명확하게 분리하지 않았다. 말의 발원지인 인간의 얼굴과는 대조적으로, 신체의 나머지 부분을 전부 하나의 덩어리처럼 묘사를 했다. 세상의 이치가 발원하고 군림하는 장소, 즉 얼굴에 비하면 신체의 다른 부분들이 갖는 차이는 거의 중요하지 않았다. 신체는 전체적으로 통일된 기둥과 같으며, 그것은 오직 말의 장소를 위해서 존재했다.

인간의 신체를 건설한 건축가와 인간의 언어를 건설한 건축가는 서로 동일하다. 동물의 몸은 대체로 인간보다는 덜 구분된 상태이며, 각 부위가 서로 더 달라붙어 있다. 동물의 사지는 인간보다 더 서로에게 엉켜 있고, 인간보다 더 서로를 감싼다. 그에 비해서 인간의 사지는 각각 자유롭다. 인간의 사지는 각각 자신의 역할을 하며, 그런 자유로움 중에서도 다른 부위를 배려한다. 사지가 덜 구분된 동물의 신체는 음절이 덜 분할된 동물의 소리와 어울린다. 새의 노래는 공처럼 구형인 새의 몸과 닮았다. 새는 노래처럼 허공을 어디나 떠다닌다.

2

뇌의 특정 부위인 언어중추가 온전히 작동할 경우에만 언어는 온전히 보존된다. 하지만 그것은 언어의 법칙이 그 부위의 지배를 받는다는 의미가 아니라, 뇌의 언어중추에서 언어와 육체가 서로 연결되어 있다는 의미다. 사실 언어는 그런 연결의 영향을 거의 받지 않은 채 자유롭다. 그것이 바로 언어의 본질이다. 하지만 육체는 정신의 작용에 참여하기를 원하고, 따라서 말을 향해 진출한다. 모든 육체성을 초월하여 인간을 들어올려주는 것을 향해 진출한다. 언어중추가 외부조직으로 둘러싸여 있는 것은, 언어와 육체의 이런 연결이 견고함을 암시한다. 뇌 언어중추의 주름진 굴곡은, 바로 그 자리에서 육체와 언어가 함께 나란히 존재함을 확인하는 인장과도 같다. 언어는 인간과 인간의 결합이며, 연결이고 접근이다. 또한 인간을 향한 사물의 접근이기도 하다. 뇌 속 이 연결의 인장이 파괴되면, 언어는 그 본질과 연결성 모두에서 망가지고 만다. 그렇게 되면 인간은 더 이상 어떤 말을 이야기할 수가 없지만, 이해하는 것은 가능하다. 혹은 인간은 말을 할 수는 있지만, 그 말을 올바르지 않은 맥락으로 사용하게 된다. 혹은 글을 쓸 수는 있지만, 그것을 말로 할 수는 없는 상황이 된다. 연결의 인장이 훼손되면 말은 더 이상 연결성을 갖지 못하고, 언어는 더 이상 연결작용을 하지 못한다.

정신은 이런 연결성 없이도 육체를 형성할 능력이 있다. 하지만 연결성을 통해서 그 능력은 지속적이고도 자연스럽게 수행된다. 정신 자신도 이런 연결성이 없이는 지나치게 자율적으로 되어버린다. 연결성을 통해서 정신은 자기 혼자가 아니라는 경고를 받는다. 정신은 자신이 연결된 육체와의 대립관계에서 육체를 의식한다. 정신은 연결성으로 인해 절대적인 권력자가 될 위험으로부터 보호받는다.

3

인간은 직립한다. 인간이 직립하게 된 행동의 돌발성, 결정성이 인간 형상의 고독한 수직체 안에 내재한다. 인간은 몸을 일으켜 세웠고, 그리하여 고독하게 고립된 직립형체가 탄생했다. 수직성 자체는 오늘날까지도 인간 형상의 최우선 요소다. 그 수직성을 이루어낸 창조적인 움직임의 뒤를 이어서, 뼈와 근육, 피가 자연스럽게 형성된 것 같다. 최초로 말이 침묵을 깨고 터져나올 때의 그 결정성과 인간 형상을 이루는 수직체의 결정성은 하나다. 인간은 단순히 육체적인 직립만 하는 것이 아니라, 말의 직립을 한다. 인간은 말을 통해서 스스로를 직립시킨다. 진리의 말은 인간을 위로, 신의 섭리로 끌어올린다. 형체의 직립성은 말로 인하여 확인된다. 말의 진리를 통해 인간을 곧게 세우는 수직성은, 인간이 스스로에게 줄 수 있는 하부로부터의 자비이기도 하다. 자비는 상부로부터의 수직성에 호응한다.

거짓말을 하는 자의 형체는 비스듬하게 왜곡된다. 거짓말을 하는 자는 비비꼬이며 구불구불 기어간다. 그는 수직성으로부터 이탈한다.

말의 결정성, 결정의 제한성도 얼굴의 형성에 참여한다. 결정의 제한된 행동과 얼굴의 제한된 형상은 서로 호응한다.

동물의 소리는 불확실하다. 지표면과 바로 접촉하면서 퍼져나가는 어두운 안개처럼, 동물은 표면에 달라붙은 채 수평으로 스스로를 확장한다.

켄타우로스의 반인반마 육신, 사자의 몸통에 인간의 얼굴이 올라앉은 이집트 스핑크스의 형상은, 말을 가진 인간을 향해 가까이 가고자 하는 동물의 욕구가 발현된 것이 아닐까? 언어가 말해지는 장소, 인간의 곁에, 인간의 안에 있고자 하는 욕구의 발현이 아닐까?

말은 이제 더 이상 정신이 아니라 다른 기호에 의해 쉽게 교체될 수 있는 기호에 불과하다. 그렇다면 인간의 직립은, 정신이 인간 속에 수직성을 불러일으킨 탓이 아니라, 단지 수직성을 이미 불러일으켜놓았기 때문이라고 볼 수 있다. 그 관성으로 직립이 유지되는 것뿐이다. 수직성을 유지해주는 온전한 말을 더 이상 갖지 못한 인간은, 자동차나 오토바이를 타고 앞으로만 굴러가는 수평의 인간이다. 잡음어로 전락한 말은, 자동차나 오토바이에 올라앉아 펄럭거리는 인간의 형상과 서로 어울린다. 그 둘은 서로 뒤섞여 있다. 잡음어는 펄럭거리는 소음이며, 사물이 휙 하고 지나가버리는 소리다. 엔진의 소음은 말을 깔아뭉개는 소리다. 말은 이렇게 빠른 속도로 지나가는 사물을 멈출 수가 없다. 그럴 수 있는 것은 단지 기호다. 삐익 하는 호루라기의 신호.

그러나 인간을 수평에서 수직의 위치로 불러세웠던 말은 사라진 것이 아니다. 말은 인간의 형상 위에 여전히 떠 있으면서, 지속적으로 인간을 붙들어준다. 이 말이 형성하는 보이지 않는 그물을 통해 인간은 상층부에 머물 수가 있다. 오늘날에도 인간은 이 최초의 말을 따라서 움직인다. 인간은 이 말을 따라서 말하고, 이 최초의 말에 의해서 이야기된다.

4

침묵하는 인간은 숭고한 임무를 띤 자의 위엄을 보유한다. 침묵은 인간의 존재를 넘어서며, 그로 인해 침묵하는 인간은 위엄을 얻는다.

침묵이 아니었다면, 인간은 실제로 말을 입 밖으로 꺼내기 전까지는 이유 모를 불안으로 떨 것이다. 그러나 침묵이 있어, 인간이 목적지에 다다를 때까지 말을 지탱해준다.

침묵은 밤의 어둠이 아니라, 말을 빛나게 하기 위해 모여든 밤의 광채다. 침묵은 말을 빛나게 하기 위해 휴식한다.

인간의 형상은 침묵과 함께 형성된다. 인간의 형상 속에서 침묵과 휴식은 하나로 연결된다. 침묵과의 연관성을 잃어버린 말은 자기 자신으로부터 멀어질 뿐만 아니라, 인간도 스스로에게서 멀어지도록 만든다. 인간은 자신의 침묵하는 형상과의 연관을 상실한다. 그리하여 인간은 자기 안에 갇힌 채 고립된다. 점차 증가하는 인간 내부의 균열, 정신분열의 원인은 여기서도 찾아볼 수 있다.

침묵하는 얼굴의 형상은, 인간이 최초의 말을 하기 이전, 아직은 감히 말을 입 밖으로 꺼내지 못하던 그 태초의 순간을 기억한다. 모든 침묵에는 자신의 말 앞에서 수줍어하던 그때의 흔적이 들어 있다. 그것이 침묵을 깊게 만든다. 침묵은 태초로의 회귀다.

침묵하는 인간은, 간다. 그는 마치 다른 이로부터의 임무를 수행하듯이, 그렇게 간다. 그러한 인간은 하나의 **환영**과 같다. 하지만 그렇다고 그가 곧 사라져버릴지 여부는 확실하지 않다. 그의 환영 자체가 너무도 비중이 강하여, 개인의 개성은 그 자신의 환영 속에서 소멸된 듯하다. 침묵하면서 지나가는 여러 사람들이 있다. 그들은 여러 명의 인간이라기보다는 전체가 하나의 유일한 환영으로 보인다. 개성의 다양성은 환영의 비중을 압도하지 못한다.

말이 없다면 인간의 형상은 보이지 않는 마법의 힘을 나타내는 신비한 기호에 불과할 것이다. 원격 장치에 의해 조종당하는 것처럼 인간의 형상은 움직일 것이다. 말로 인하여 형상은 자기 자신이 되었고, 인간에게 속하게 되었다. 말을 갖지 못한 동물은, 지구나 다른 행성의 인력(引力)으로 조종당하는 것처럼 보인다. 그리고 정신의 영역을 포기해버린 인간도, 마치 악마적 권능에 지배당한 듯이 행동한다.

침묵하는 인간은 말하는 인간보다 더욱 강해 보인다. 침묵은 말보다 강하다. 하지만 침묵이 강력한 것은 말이 침묵에서 나오기 때문이다. 침묵이 말을 담는 그릇이기 때문이다.

인간이 이야기를 할 때면, 인간의 전체 형상은 급작스럽게 오직 말의 테두리로 돌변한다. 인간은 형상으로 말을 둘러싸고, 그리하여 모든 것이, 형상에 둘러싸이기 전까지 오직 환영이기만 했던 모든 것이, 실제가 된다. 형상은 청취자와 같다. 형상은 말을 듣는 사람처럼 침묵하면서 귀 기울인다. 말로 인하여 인간의 형상은 견고해진다. 말을 하면 할수록 더욱더 견고해진다. 마침내 형상은 말뚝과 같아진다. 이곳, 말에 의해서 형상이 단단하게 박혀 선 곳에, 인간은 머문다. 인간은 이곳에 집을 짓는다. 집과 말은 서로가 서로에게 속한다. 탁 트인 바깥에서 인간의 형상은 말 주위를 흐르는 공기와 같다. 집에서 멀리 떨어진 곳에서 형상은 그냥 자기 자신에 지나지 않는다. 자기 자신인 채로 여기저기 홀로이 방랑한다. 그러나 이제 담장이 말을 집 안에 담는다.

[18]

말과 목소리

1

인간보다 훨씬 더 먼저, 인간이 태어나기 전부터 울리기 시작한 어떤 목소리가 있다. 그러나 인간이 있은 다음에야 그 목소리는 들리는 것이 되었다. 그리고 그것은 인간의 종말 이후까지도 계속해서 울리게 된다. "인간의 영혼을 붙잡아 영원의 세계에서 현세로 끌고온 소리가, 인간의 목소리 안에 여전히 메아리로 남아 있다. 그로 인해 목소리는 도저히 혼동할 수 없는 특별한 음색을 부여받는다."(《인간의 얼굴》)

하나의 인간을 다른 인간과 구별하는 것, 개성은 얼굴보다는 목소리에서 더욱 확연하다. 목소리는 얼굴처럼 심하게 외부의 영향을 받지 않는다. 목소리는 인간을 둘러싼 자연이나 공동체의 환경으로부터 얼굴보다 자유롭다. 나이가 들면서 목소리의 선명함이나 밝은 톤은 사라질 수 있고 음색도 거칠어질 수 있지만, 목소리에 깃든 특유의 개성은 계속 남아 있다. "티톤이 제우스에게 불멸의 삶을 달라고 간청했을 때, 그는 영원한 젊음을 포함시키는 것을 잊었다. 그리하여 그는 마침내 불멸의 목소리로 쪼그라들고 말았다."(장 파울)

사람은 목소리로 어떤 사람을 즉시 알아차릴 수가 있다. 또한 목소리를 들으면 그 사람의 인성이나 특징도 파악이 가능하다. 물론 얼굴도 즉각적인 파악의 수단이기는 하다. 하지만 그러기 위해서는 사람의 얼굴을 뚫어지게 관찰해야 하고, 그것은 예의에 어긋나는 행동이 될 수 있다. 반면에 목소리는 그 자체가 신호다. 가장 전면에 있는 일차적인 신호.

목소리는 개성이다. 목소리는 개인의 특성을 뚜렷하게 부각한다. 그러나 목소리는 동시에 객관적이다. 인간을 초월하는 것, 인간의 근본과 강하게 연관되어 있기 때문이다. 목소리의 불변성은 바로 이런 객관적 성질에서 나온다. 목소리는 인간의 내부와 인간을 넘어선 어떤 곳에 불변하는 것, 영속하는 것이 존재한다는 신호다. 두 명의 인간이 서로 대화를 나눈다. 거기서 우리는 단지 오가는 말뿐만이 아니라, 목소리의 영구적 불변성 또한 감지할 수가 있다. 그것이 말하는 사람에게 확신과 신뢰를 부여한다. 영원히 변하지 않는 어떤 것이 그 안에 있다.
목소리의 음색은 말 위에 드리운 보호막과 같다.

목소리는 아득히 먼 곳에서 와서 아득히 먼 곳으로 간다. 그러나 목소리는 말을 담는다. 말은 아득한 것을 현존하게 만든다. 인간이 말에 실어보내는 진리는, 태초에 인간이 떨어져 나온 그 원초적 진리의 흔적을 목소리에 깃들게 한다. 그래서 말이 진리를 현존하게 만들 때, 말을 전달하는 목소리는 기쁨에 가득 찬다. 목소리는 목소리로서 기쁘다. 목소리는 자신을 들어올려, 말 위에서 환호한다.
목소리의 음색은 인간의 태초로부터 왔다. 음색과 말 뒤에 숨은 침묵은 하나다. 목소리의 음색에서 인간은 침묵의 소리를 듣는다. 목소리의 음색은 침묵을, 인간의 태초 이전에 있던 것들을 그리워하게 만든다. 그러나 음색은 말에 대한 그리움 또한 불러일으킨다. 아득함과 태초 이전의 상태는 말 속에서 현실이 된다.

음색을 통해서 목소리는 자신의 근원이기도 한 영원하고 객관적인 것들과 함께 머문다. 영원으로부터 이 세계로 끌려나온 목소리는, 자신이 전달하는 말을 통해 이 세계에 계속 머문다. 객관적인 것과 주관적인 것, 영원한 것과 현세적인 것이 목소리 안에서 공존한다. 인간의 목소리에는 인간의 본성이, 인간의 근원적 기질이 더 많이 들어 있는 반면, 말에는 그 기질로부터 인간이 수행한 내용이 들어 있다.

사람은 말을 할 때 타인의 목소리만 듣는 것이 아니라 타인의 얼굴도 본다. 얼굴은 듣는 행위의 일부다. 목소리는 얼굴에서 가시적이 된다. 얼굴의 침묵에서도 목소리의 반향이 울린다. 얼굴은 목소리에 속하며, 목소리의 침묵에 속한다.

전화 통화에서 목소리는 혼자다. 목소리는 고립되었다. 오롯이 목소리 자체로 있을 뿐이다. 인간은 목소리에 지나지 않는다. "할머니가 나에게 말을 할 때면, 나는 커다란 눈이 상당 부분을 차지하는 할머니의 얼굴이 활짝 열린 악보인 양, 그 안에서 할머니 말의 내용을 따라가곤 했다. 그런데 오늘 나는 처음으로 할머니의 목소리를 전화기를 통해서 들었다. 그 목소리는 오직 목소리뿐이었고, 그래서인지 예전과는 어딘지 모르게 달라진 듯했다. 얼굴 표정을 동반하지 않은, 헐벗은 듯 외로운 목소리가 내게 들려오자 나는 알아차렸다, 할머니의 목소리가 얼마나 부드러운지."(마르셀 푸르스트, 《게르망트 쪽》) 그런데 그것이야말로 진짜 목소리의 정체가 아닐까? 진짜 목소리는 얼굴과 함께, 얼굴을 통해 나타나 보이는 목소리다. 왜냐하면 목소리는 인간에게 전화 통화처럼 홀로 오롯이 고립된 상태로 주어진 것이 아니고, 인간이라는 전체적 연관성 안에서 주어졌기 때문이다. 그러므로 이 전체 연관성 안에서 들을 경우에만 목소리의 인상을 올바르게 느낄 수가 있다. 전화 목소리는 추상적이다. 그것은 말의 진실한 의미에서 볼 때, 전체성으로부터 퇴거한, 전체성을 이탈한 목소리다.

2

목소리는 인간에게 매달린 단순한 부속품 이상의 의미가 있으므로 객관적이다. 목소리의 객관성과 말에 깃든 정신의 주관성, 이 둘 사이에는 어떤 대립이 생겨날 수 있다. 주관성이 너무 높이 튀어오를 경우 목소리는 찢어지는 비명을 지른다. 독재자의 고함은 더 이상 목소리도, 객관성도 아니다. 그것은 객관성을 무조건 찢고 훼손해버리겠다는 시도다. 거짓말을 하는 자는 조용하게 말한다. 목소리를, 객관성을 숨기기 위하여. 혹은 거짓말을 하는 자는 고함을 지른다. 시끄러운 소리로 객관성을 억눌러버리기 위하여. 나이가 들면서 거짓말을 점점 많이 할수록, 목소리와 말 사이의 대립은 더욱더 커진다. 말이 공허해진다. 그리고 이어서 두 번째 공허가 탄생한다. 영원으로부터 왔으나 거짓을 전달하게 된 목소리, 거짓의 말과 그 목소리 사이의 균열로 인해 두 번째 공허가 탄생한다.

광인과 창녀 들에게 목소리는 더 이상 지속적인 것이 아니다. 그들이 어떤 말을 할 때마다, 그것이 상대편에게 들릴 수 있도록, 무엇인가 앞으로 불쑥 찔러대는 물체를 커다란 소리로 생산해낸다는 느낌이 든다. 광인과 창녀 들은 단단한 소리의 창으로 찔러댐으로써 목소리뿐만 아니라 목소리에 실린 말, 그들을 자신과 세계로부터 격리시키는 말까지도 쳐부수려는 것 같다.

말과 목소리는 인간의 본성을 균등하게 표현하지 않는다. 말과 목소리 사이에 균열이 생긴 근원은 인간의 원죄다. 원죄를 유발한 말은, 말을 전달한 목소리보다 그 사건에 더 깊게 연루되었다. 목소리는 그 자체로 자신의 근원과, 영원과 연관되어 있다. 하지만 말은 정신의 특별한 행동에 의해서만이 그것들과 연관된다.

거짓말하는 자의 목소리는 표현되는 말과 보조를 맞추지 못한다. 목소리는 절룩거리며 말을 뒤따를 뿐이다. 뒤따르면서 커다란 쇳소리로 비명을 질러댄다.

말과 목소리 간의 균열을 메우기 위해 인간은 종종 잡담을 활용한다. 잡담에는 말과 목소리 간의 차이가 없다. 그 둘 모두 동일한 소음, 즉 잡음어로 분류될 뿐이다. 잡음어는 말과 목소리 모두를 뒤덮어버린다.

아이의 목소리는 스스로를 내밀어서 말이 목소리를 타고 움직이도록 한다. 말은 목소리로부터 빠져나오려고 애쓴다. 매 순간 아이의 말은 목소리의 음색에 실려 사라져버리고, 목소리와 함께 목소리가 왔던 곳으로 되돌아갈 것만 같다.

어떤 인간에게 목소리는 존재의 시원을 향하는 요소다. 시원을 향한 전 여정이 목소리 안에 들어 있다. 그렇지 않은 인간에게 목소리는 오직 목소리 자체일 뿐이다. 그것은 자기 자신 이상에 대해서 알지 못한다.

신에게 목소리는 말 그 자체다. 신의 목소리는 신의 말이다.

라디오에서 흘러나오는 목소리는 음성학적인 현상에 불과하다. 오직 **직접적으로** 말해진 인간의 말만이, 창조와, 그리고 목소리의 원천과 주체로서 연관을 맺는 인간의 말만이 목소리에게 원초의 음색을 부여할 수 있다. 물론 라디오의 목소리들에도 차이는 있지만, 그 차이는 의미론적인 차원에 그치고 만다. 즉 이것은 A의 목소리가 아니라 B의 목소리다, 하고 알리는 기호에 불과하다. 라디오의 목소리에는 그 어떤 반향도 울리지 않는다. 그것은 영원을 떠나 인간에게 이르는 여정을 거친 목소리가 아니라, 라디오로부터 출발하여 인간의 청각에 닿은 목소리다. 거기에는 주체를 초월하는 것, 태초의 흔적으로 남아 있어야 할 그 무엇이 결여되어 있다. 라디오의 목소리는 말이 활주하는 기계적 매개체에 불과하다. 라디오의 말이 지금 이

자리에 실재하는 인간의 말과 절대로 같은 효과를 낼 수 없는 이유는 그 때문이다.

음악은 목소리를, 모든 목소리의 울림을, 최초의 인간이 목소리를 내었던 태초의 시간으로 인도하려는 시도가 아닐까? 인간의 모든 목소리는 음악 속에 숨겨져 있다. 음악은 인간에게서 목소리를 덜어내어 태초로 데리고 갔다가, 인간이 침묵하며 기다리는 동안 태초로부터 다시 회귀한다. 그리고 목소리가 인간에게 되돌아온다.

[19]

그림과 말

1

그림은 침묵과 말 사이에 있다. 그것은 침묵에, 그리고 말에 영향을 미친다. 테두리로 제한된 그림에서 침묵은 제한된다. 또한 그것은 적극적인 침묵이기도 하다. 그림의 바깥에 있을 때 사물은 다른 사물이 가까이 접근하면 동요한다. 침묵 속에서 동요한다. 그림 속에서 사물은 이야기하는, 안정된 침묵이다. 그림은 말을 다스리는 힘이 있다. 인간은 그림 앞에서 침묵한다. 말은 그림으로 인해 진공으로 흡수되어버린다. 그래서 침묵 속으로 회귀해버린 듯하다. "그리하여 영원을 갈망하는 우리의 모든 꿈이 영원으로부터 단번에 지워진다."(장 파울) 그리하여 말은 그림으로부터 지워진다. 그림 앞에서 인간은 일순간 말을 잊는다. 하지만 다음 순간, 마치 그림에서 솟아난 듯 말이 다시 나타난다.

침묵하는 그림은 말에게 자신의 침묵에 관해 전달한다. 그림은 말이 무절제해지는 것을 방지한다. 그림은 말을 붙든다. 그림은 말할 수 없는 것, 공인된 비밀의 세계로 돌진하려는 인간을 제지할 수 있다. 그런 까닭에 그림 앞에 선 말은 그림이 침묵하는 내용을 이야기하지 않는다. 그것에 대해서 침묵을 지킨다.

그림의 침묵은 결함이 아니다. 그 침묵은 말의 어머니이기 때문이다.

말은 그림 앞에서 휴식을 취하며 소생한다. 인간은 침묵하는 그림을 갈망한다. 그것은 인간이 말로 인해 타락하기 이전의 낙원에 대한 기억이다. 인간의 원초적 기억은 그림으로 인해 되살아난다. 침묵하는 그림 앞에서 인간은 모종의 기대감에 떤다. 침묵은 뜻밖의 사건에 대한 가능성이다.

추상회화에서 말은 흡수되지 않는다. 대신 밀려날 뿐이다. 그림 속의 붓자국은 하나하나가 말을 찔러 죽이는 창살과 같다. 여기에는 그림의 침묵이 없다. 단지 말 못하는 붓자국이 있을 뿐이다.

2

한때 인간의 세상은 오늘날보다 더욱 그림에 가까웠다. 도시들, 건물들, 인간의 행동뿐 아니라 삶의 형식 자체도 테두리로 제한되어 있어서 더욱 그림에 가까웠다. 인간은 당연하고도 자연스러운 방식으로, 회화적인 것과 관련을 맺고 있었다. 당시의 그림은 오늘날보다 덜 현란했으며, 어디에나 산재한 회화적인 것들의 시적 표현에 그치고 있었다. 세상의 회화적인 요소들이 그림 속에서 단지 시로 나타나는 것처럼, 그렇게 자연스러웠다. 그림 자체가 회화적인 것들에 의해서 그려지는 존재이기도 했다.

당시의 그림에는 자율적인 세계가 들어 있었다. 그 세계에서 그림은 그림을 낳았고, 한 번 그려진 그림은 아직 그려지지 않은 수천 개의 그림의 원천이 되었다. 그림은 어디에나 있었다. 인간이 잠이 들면, 그림은 인간의 꿈속에 미리 도착해 있었다.

 인간은 그림을 응시하는 것보다 그림에 의해서 더 많이 응시당했다. 그림이 인간을 응시했다. 그림의 눈동자가 인간에게 향했고, 그림 앞에서 인간은 눈을 내리깔았다. 그림에 의해 응시당함으로써, 인간은 응시하는 법을 배웠다. 그림에 의해서 침묵당함으로써, 인간은 침묵하는 법을 배웠다. 하지만 무엇보다도 여기서 인간은 말을 배웠다. 이 침묵하는 그림의 세계에서 말은 쉽지 않았다. 말을 위해서는 하나의 행동이 불가피했다. 하나의 행동을 침묵으로부터 꺼내와야만 했다. 침묵에 대항하여 하나의 행동이 있은 다음에야 말이 탄생했으므로, 말은 많은 것을 의미했다. 말은 그림 앞에서 견뎌야만 했고 그림에 대항해야만 했다. 말은 온전히 진실이어야만 했다. 말은 진실을 통해서만이 그림에 맞서서 최초의 현존을 획득할 수 있었다. 말은 항상 그림에 맞서서 자신을 주장해야만 했으므로, 틀에 박힌 표현으로 전락할 위험이 오늘날보다 적었다.

3

그림에 의해서 규정되는 그런 세상에서는 언어조차도 그림이다. 그 세상에서 언어는 중심에 자리하며, 파생되는 산물이 아니다. 언어는 객체를 향한다. 객체를 둘러싸고 객체에게 객체의 것을 공급한다. 회화적 언어는 평형을 지향한다. 그림에서 실제의 대상으로 방향을 바꾸며, 말보다는 실제의 대상에게 더 많은 이야기를 건넨다. 사물의 그림은 말에 앞서서 있다. 그래서 인간은 그림에서 말로 나아가는 도중에 말에 대해 숙고할 시간을 갖는다. 그것이 인간을 절제하게 만든다.

    시인은 충만한 그림들을 갖고 있다. 낮의 충만이 시인의 꿈에도 영향을 미친다. 시인은 밤의 세계, 잠과 꿈속에서도 공간이 필요하다. 꿈속에서 시인은 충만한 그림들을 위한 공간을 갖는다.

    시적인 비유에서 서로 유사한 사물들이 나란히 놓이는 경우, 하나의 사물은 그림에 의해서 다른 사물에 대해 선명해진다. 마치 대결이라도 하듯이, 사물들 간에는 그림을 통해 서로에게 선명해지려는 경쟁이 벌어진다. 하나의 그림은 다른 사물의 그림에 의해 자신을 상실하는 것이 아니라, 도리어 더욱 자기 자신에게 가까워진다. 그림의 힘이 사물에게 원초성이라는 능력을 부여한다.

    그리스도의 언어는 회화적이며 시적이지만, 그것은 회화적이며 시적이려는 의지가 작용했기 때문이 아니다. 그리스도가 사물의 이름을 부름으로써 사물은 상승하였고, 저절로 시적인 존재가 되었다.

    아이의 영혼은 그림으로 충만하다. 그래서 아이의 영혼은 수줍어한다. 침묵하는 그림에서 말로 추락하게 될 것을 미리 겁

내기 때문이다. 시인에게 그 수줍음은 오만으로 교체된다. 마치 반항하듯이, 침묵하는 그림에서 위태로운 말로 추락해버리며, 그 위험 속으로 그림까지도 끌고 들어간다.

  시인의 그림에 깃든 말은, 말의 근원인 원초적 말의 중심에 자리 잡아야 한다. 회화는 원초적 그림을 향해 침묵한다. 온전하고도 전적으로, 하지만 가볍게 떠 있는 상태로 회화는 나타난다. 허공에 뜬 채 부유하는 존재로서 회화는 원초적 그림으로 향하는 길을 미리 지니고 있다. 마찬가지 방식으로 말은 원초적 말에 화답하며 이야기한다. 원초적 말과 원초적 그림은 하나다.
  말이 중심에 자리 잡지 않으면 그림은 극단적으로 부유하게 된다. 그러면 그림들은 단지 흘러가기 위해서 흘러가버린다. (그래서 서로서로 뒤따르는 것이 아니라 서로가 서로를 추적하게 된 그림들이 장 지오노의 언어에 들어 있다.)

4

그림은 말이 없으면 불가능하다(아이들은 언어로 자신을 표현할 수 있게 될 때, 가장 먼저 그림을 그리기 시작한다〔K. 뷜러, 《아이들의 정신발달》〕). 그림은 우선적으로 말을 통해서,* 자신이 추구하는 원초적 그림이 존재하며, 그것이 모든 그림들 속에서 드러나고 있음을 알게 된다. 그림은 주권적이며, 스스로의 세계를 갖는다. 하지만 그림은 말을 기다린다. 그림은 말의 하늘이 자신 위에 펼쳐져 있음을 감지한다. 그림은 말이 필요하다. 말을 통해서 비로소 자신이 속하는 곳을 알기 때문이다. 그것은 원초적 그림이다. 그림은 인간을 찾는다. 그림은 객체에게 시간을, 즉 사랑을 부여하는 인간을 찾는다. 대상은 사랑 안에서 그 자신의 최초의 그림이 된다.

회화와 말은 동일한 것을 추구하는 두 가지 별개의 표현수단이며 서로가 상대에게서 자기 자신을 발견한다고 한 모리스 메를로-퐁티의 생각은 옳지 않다. 말은 그림 이상의 것이다. 말이 본질을 잃으면 조형예술도 그 본질을 잃는다. 조형예술에게 자율성을 부여하는 당사자는 언어다. 파괴된 말 아래서 조형예술은 조형이 불가능해지며 추상적이 된다. 마치 말이 소리에 불과한 기호로 전락하듯, 조형예술은 단지 붓질에 불과한 것으로 전락한다.

5

그림은 인간을 압도하는 능력이 있다. 종종 그림은 말보다 더욱 위력적이다. 인간이 아직 말을 갖지 못한 부분에서도 그림

• 당연히 여기서는 설명하는 말이 아니라 근본적으로 정신과 이성에 속하며 자연스럽게 그림에서도 나타나는 그런 말을 의미한다. 그 말이 없다면 그림은 이성의 세계에 속하지 않을 것이다.

은 인간을 사로잡는다. 마치 신비의 힘인 양 인간을 전율시킨다. 그림은 인간이 알아차리지 못하는 사이에 인간을 변화시킬 수 있다. 미덕은 교육시킬 수 있다(소크라테스의 생각이었다). 그러나 이미 한 인간의 내적·외적 본질이 그림으로서 미덕을 형성해버렸다면, 미덕은 교육될 필요가 없을 것이다. 미덕의 그림은 다른 인간들에게 작용하게 된다. 인간이 자신을 형성하는 것에 대해서 찬반의 결정을 내릴 수 없는 존재라면, 그림은 인간을 선한 것으로도, 악한 것으로도 자유롭게 변화시킬 수 있을 것이다. 결정은 인간의 본성에 속한다. 그런 이유로, 말은 그림 이상의 것이다.

> 색채는 당신에게 닿지 못한다, 대리석의
> 나눌 수 있는 중량은, 언어의 여신이여, 당신에게 도달 않는다!
> 그것은 우리를 거의 형성하지 못함이
> 일순 명백하여라.
> 당신을 통해 청취자의 영혼을 움직이는
> 발명가에게, 창조는 스스로를 허용할 뿐.
> (클롭슈토크)

추상적 말은 구상적 말보다 더 자유롭게 움직인다. 하지만 그것은 인간을 쉽게 비껴서 이야기한다. 그 말은 위태롭다. 자기 자신에게만, 그리고 제한 없는 것에게만 전달되기 때문이다. 인간에게가 아니라 제한되지 않는 영역을 향해서 이야기하거나, 혹은 더 이상 인간이라고 할 수 없는 무제한의 인간을 향해 이야기한다. 추상적 말도 사물의 앙상함이 아닌 **충만함**과 연관을 맺어야 한다. 그러면 말은 충만함의 무게로 인해 무거워지면서 현실에 머문다. 단테를 이해할 수 있는 것은 그의 말이 이러한 충만함을 갖추었기 때문이다.

6

중국어 문자(131~132쪽 참조)는 말을 갖지 않은 사물, 서로가 서로를 향해 침묵하는 사물의 그림이다. 인간은 귀 기울이기보다는 응시한다. 중국어 어휘, 하나의 음절로 된 그것은 그림의 울림이다.

　중국인은 말을 할 때도 그 말을 구성하는 표의문자를 알지 못하면 공자나 《시경》의 어구를 이해하지 못할 수가 있다. 문자를 알아야 말의 의미를 알게 되는 것이다. 구술되는 말은 문자의 그림과 연결된다. 그림으로 회귀한 말은 그림 안에서 보호받는다. 중국인은 역동성으로부터 안전하다. 하지만 서구적 역동성을 받아들인 현대의 중국은 그림문자를 벗어나서 앞으로 진행한다. 그들은 표음표기법을 도입하려고 한다.

　우리의 언어에서 말은 자유롭다. 말은 다른 말 속에서 자신을 이해하는 법을 추구한다. 우리의 말은 무엇인가를 추구하는 존재다. 중국의 말은 자신 안에 그림을 갖는다. 거기에는 어떤 것도 덧붙일 필요가 없으며, 단지 벗겨내는 것이 필요할 뿐이다.

중국 현자의 문장은 사람 앞에서 스스로 활짝 벌어졌다가 사람이 떠나고 나면 닫히는 꽃잎과 같다. 꽃잎은 그렇게 매번 사람이 올 때마다 새로이 자신을 연다. 혹은 그것은 자기 자신의 빛을 따라서 성장하는 별과도 같다.

우리들의 중세 문자도 회화적이었다. 철자의 획은 사물을 관찰하면서, 사물을 에워싸고, 사물을 자신 안에 담아서 보호했다. 오늘날의 문자는 마치 자동차처럼 사물을 빠르게 스쳐지나친다.

7

원래 회화의 세계와 말의 세계 사이에는 경계가 있었다. 르네상스 시대 이후로 이 경계가 무너져버렸다. 그림은 이제 더 이상 오직 그림으로만 이야기하지 않는다. 대신 그림을 통하지만 마치 말을 통해서 하듯이 이야기하려고 시도한다. 그림은, 그림으로 번역된 말이 되기 시작했다. 인간은 그림의 "말"을 자신의 말로 해석하기 시작했다. 이제 인간의 말은 그림 앞에서 사라지지 않게 되었다. 말은 인간 안에서 조용히 머물지 않고, 그림은 말 속에서 사라져버릴 위험에 처했다.

그뤼네발트의 회화에서는 인간의 얼굴과 형상이, 심지어는 그림 전체가, 거의 갈기갈기 찢긴 듯한 인상을 준다. 바로 그 자리, 찢어져 상처가 벌어진 틈새에서 말이 흘러나온다. 파열한 틈새에서 나오는 소리는 말의 소리가 된다. 여기서 말과 그림은 대립하지 않는다. 여기서 경계는 무너지지 않는다. 여기서 말과 그림은 하나다.

피터 브뤼겔의 회화에서 그림은 다시 한번 축제에 초대받는다. 지켜보는 인간을 의식하지 않는 듯, 그림은 그냥 혼자서, 축제를 즐긴다.

텔프트의 베르메르의 회화에서는 말이 아니라 빛이 사물들 위에서 영원히 노니는 모습이다. 말은 빛에게 그림을 놀이터로 넘겨주었다.

헤르쿨레스 세헤르스의 회화에서 사물들은 말없이 있을 것을 강요당한 듯 보인다. 그래서 그림들은 슬픔과 고독을 자아낸다.

렘브란트의 회화에는 빛이 있다. 오디세우스가 하데스로 갔을 때 망자들의 그림인 그림자가 희생제물의 피로 몰려들었듯이, 렘브란트의 빛 주위로 사물의 그림들이 몰려든다. 그리고 빛 속에서 흡수되어버린다.

8

인간은 꿈속에서 사물들의 그림과 함께 머문다. 꿈과 꿈의 그림은 그 자체로 무제한의 세계다. 꿈은 꿈과 연결된다. 꿈은 깨어남으로 이어지는 것이 아니라 또 다른 꿈으로 이어진다. 그림은 그림에게 말을 건다. 그림은 꿈의 말이다. 그림의 색채,

이리저리 움직이는 그림의 동요는 자음과 모음이 말의 육신인 것처럼, 그림의 육신이다. 꿈의 그림은 말이 없는 채로 서로 이야기를 나누고 인간에게 말을 건다.

꿈의 그림은 말을 갖고 있지 않다. 그림은 자신들의 충만함으로 스스로 번식하고 번식하면서, 말의 영역으로 진입을 시도하는 것처럼 보인다. 꿈의 그림에는 구원되지 않은 무엇인가가 있다. 꿈의 그림들이 여기저기 부유하면서 불안하게 움직이는 것은 말을 향한 그리움의 징표가 아닐까? 아침에 일어나 최초로 입에서 나오는 말은, 말없는 꿈의 그림들과의 투쟁에서 마침내 구원받았다는 승리의 신호가 아닐까? 인간은 꿈에서 깨어난 후 찾아온 최초의 말과 신중하게 교류한다.

꿈의 그림은 낮의 말 속으로도 진입해 들어온다. 꿈속에서 그림은 오직 스스로를 위해 꿈을 꾸지만, 바로 그 독립성으로 인해 인간의 낮에도 영향을 미친다.

낮의 그림은 꿈의 그림에 의해 더욱 부유하며 떠다니고, 인간을 위해 대지에 발붙이는 시간이 더욱 줄어든다. 그들은 인간뿐만 아니라 다른 것에도 속한 듯이 보인다. 인간은 사물을 자신의 목적에 맞게 점유할 엄두를 내기 어렵다.

말 속에 깃든 신의 흔적은 종종 꿈의 그림에서 나타나 그림으로 자신을 공표한다. 그런 이유로 모든 시대를 통틀어 꿈은 예언의 매개체가 되어왔다.

9

인간은 꿈의 그림을 해석할 수 없다. 꿈의 그림은 해석으로 훼손되지 않으며, 도리어 그 어떤 해석이 있은 다음이라도 이전보다 더욱 절대적인 존재로 머문다.

정신분석은 꿈의 그림을 훼손한다. 분석의 과정에서 그림은 사라져버린다. 꿈은 더 이상 그림이 아니게 된다. 그리하여 이 시대에 보편적인 비구상의 차원으로 평준화된다. 물론 꿈의 그림이 너무도 다채롭고 비옥하므로, 인간은 그림이 말을 통해서 이야기하게 만들고 싶다는 유혹을 받는다. 하지만 그 말은 정신분석의 말처럼 그림을 넘어서서 이야기하는 것이어서는 안 된다. 말은 그림을 명확하게 그림으로 놓아두어야 한다.

정신분석의 영역에는 파괴된 말을 사용하는 인간이 있다. 그는 정신분석을 통해서 최소한 그림을 얻고자 한다. 그러나 정신분석은 그에게 파괴된 그림을 가져다줄 뿐이다. 파괴된 말에 대한 파괴된 그림.

오늘날 사람들은 꿈의 그림에 집착한다. 사람들은 그림 혹은 이미지적인 요소가 인간의 영혼을 이루고 있음을 알아차렸다. 인간의 영혼은 애타게 그림을 갈망한다. 정신분석을 통해서 인간은 그림을 붙잡아두려고 한다. 그러나 분석의 과정에서 인간은 그림을 소멸시켜버린다. 인간은 분석으로 그림을 산산조각 낸다.

오늘날 외면의 세계와 내면의 세계에 있는 회화성은 파괴되었다. 인간의 얼굴은 더 이상 그림의 한 종류가 아니다. 얼굴은 말한다. 얼굴은 더 이상 그림으로서 침묵하지 않는다. 얼굴은 그냥 이야기를 한다. 뭐든지 자신에게서 나오는 것을 모두 이야기한다. 이제 얼굴에는, 얼굴을 향해서 다가오는 많은 것들을 자신 안에 흡수하면서 그것에 대해 침묵을 지키는 그림이 없다. 인간의 내면에서 빠져나온 거의 모든 것이 얼굴의 전면에 드러난다. 얼굴은 인간 자신보다 더욱 앞에 있다. 얼굴은 스스로 원하는 것보다 더 많이 누설한다. 얼굴은 그 자신보다는 다른 것에 가깝다. 그래서 얼굴은 경솔하다. 극장에서, 그리고 삽화가 곁들여진 잡지에서 인간은 허기진 동물처럼 익명의 그림을 빨아들인다. 하지만 그것들은 그림이 아니다. 진짜 그림처럼 거기 현존하는 것이 아니다. 그들은 현재성이 없으며 현재성을 주지도 못한다. 그들은 단지 나타났다가 사라지는 현상일 뿐이다. 그리고 그들은 사라질 때 인간도 동반한다.

나는 생각한다. 오늘날 점점 증가하는 인간의 불면은 점점 증가하는 그림의 결핍에서 기인하는 것이라고. 아무런 그림도 주어지지 않는 영혼은 항상 매복하며 기다리는 상태다. 그런 영혼은 언제나 깨어 있어야 한다.

그림은 치유력을 발산한다. 그것은 그림의 본원인 원초적 그림의 치유력으로부터 나온다.

[20]

말과 시

1

시는 세계 자체이며, 가장 근원적인 세계다. 그 세계로부터 시인의 경험이 나오며, 자신의 시에서 시인은 현실을 경험한다. 시인은 현실에서 시로 들어가는 것이 아니라, 시에서 출발하여 현실로 진입한다. 높은 것이 낮은 것을 향해, 현실로 가라앉는다. 시인의 세계는 객체를 추구하고(res poetica diffusiva sui), 객체에 의해서 추구된다. 객체는 현실을 시의 세계로 밀어넣는다. 현실은 시 속으로 받아들여지기를 기다린다. 현실은 시인의 경험을 인도하고, 시인은 시의 세계를 향해 시를 쓴다.

현실의 세계와 시의 세계 사이에서 시인은 살고 있다. 그는 시의 세계를 대리한다. 그는 시의 세계를 위해 시를 쓴다. 시는 시인을 떠나 시의 세계로 가버리고 시인은 현실에 홀로 남는다. 두 세계의 가운데서 시인은 고독하다. 다음 순간 새로운 시가 그에게 오지만, 다시 그를 떠나 시의 세계로 가버린다. 그러면 시인은 다음의 시가 올 때까지 다시 고독하게 홀로 머문다.

한 편의 완전한 시를 보면, 마치 이 세상에 다른 시는 더 이상 존재할 수 없을 것 같다. 이러한 시는 매번 새로운 것을 이야기한다는 인상을 준다. 말해진 장소 그곳에서뿐만 아니라, 동시에 모든 곳에서 이야기를 한다. 말의 비현실적 현실성은 대개 시에서 분명히 드러난다. 세계는 한 편의 시로 가득하다. 만약 다른 시가 나타난다 해도, 그 시는 한 편의 유일한 시처럼 작용한다. 하나의 시가 갖는 현재성, 시의 현존이 갖는 위대함은 너무도 절대적이어서 사람은 한 편의 시 앞에서 도저히 다른 시를 떠올릴 수가 없다. 완전한 시는 인간에게도 현재성을, 현존의 힘을 나누어준다. "한 편의 시는 무엇인가를 이야기하지 않는다. 시 자체가 그 무엇인가다."(보들레르) 완전한 시는 최초의 것, 유일한 것이다. 다른 시들이 거기 있지만, 그들은 오직 침묵할 뿐이다.

셰익스피어의 희곡 한 편. 그것은 한 편의 희곡을 둘러싸고 몰려 있는 희곡들의 세계 정중앙에 놓인다. 희곡들은 침묵하면서 기다린다, 언젠가 자신이 중앙에 자리하는 그날을. 하인리히 3세의 말에 귀 기울이는 것이 그 희곡의 인물들만은 아니다. 다른 모든 희곡의 다른 왕과 권력자들, 사랑하는 연인들도 모두 하인리히 3세의 말에 귀 기울인다. 그들은 진정한 청취자들이다. 인간은 그들로부터 비로소 듣는 법을 배운다.

시의 완전성은 인간의 것일 뿐 아니라 언어의 것이기도 하다. 언어 자체, 언어의 객관성은 완전함을 원한다. 언어는 완전성 안에서 스스로를 알게 된다. 언어의 완전성이 동시에 인간 자신의 완전성이기도 하다는 것은 인간에게 영예로운 일이다.

완전한 언어는 스스로 객관적이며, 그것은 언어의 기쁨이다. 언어는 자신이 완전한 존재로 인간과 함께함을 기뻐하며, 그 사실을 인간에게 드러낸다. 언어는 아름답게 보이며, 자기 스스로 기꺼이 아름답다.

2

고대의 시는 시간이 흘러도 변하지 않는다. 시간은 시의 곁에서 흐르며, 시의 내부에서 일어나는 사건들로부터 흘러나온다. 시에 의해서 고대로부터 우리에게로 이어지는 시간의 통일성이 탄생한다. 고대의 시가 갖는 충만함은 이미 고대 시대에 우리의 시대인 미래로 넘쳐흘렀다. 그것은 억지로 앞으로 밀고나온 것이 아니다. 도래하는 것을, 그리고 자기 자신의 앞길을 비추었을 뿐이다. 고대의 시는 스스로의 움직임을 의식하지 못하는 채로, 자신의 빛 속에서 우리를 향해 다가왔다. 그것은 아직도 고대에 머물면서 동시에 우리와 함께 있다. 그런 시는 하나의 보편시간을 연상시킨다. 과거와 현재 그리고 미래가 함께 나란히 공존하는 시간계를.

말은 이처럼 강력해서 탄생 이후 줄곧 스스로를 증거하면서 자신의 미래를 만들어내고 있다. 그렇다면 말은 죽음마저도 관통해야 하며 죽음 가운데서도 생존할 수 있어야 한다. 말은 삶을 모두 통과한 후 죽음으로 들어서기를 원한다. 삶에는 말을 위한 공간이 충분하지 않다. 그리하여 인간은 말로 인하여 불멸이 된다.

3

하나의 시 속에서 호명되는 사물들은 "현실"에서 존재해야 한다. 혹은 최소한 그들이 존재할 수 있는 현실과 밀접한 관련을 맺고 있어야 한다. 그래야만 시가 있게 된다. 시는 현실의 사물들을 통해 그 자리에 유지되며, 시 자신이 **사물들**을 그 자리에 유지한다. 시는 현실의 위에 덮인 하늘이다. 그러나 시는 현실의 대지가 필요하다. 대지가 없다면 시는 바람에 날려가는 구름에 불과할 것이다. 시의 규칙과 현실의 규칙은, 하나가 다른 하나를 말없이 의미한다. 현실이 시로부터 떨어져나와 시가 고립될 때, 비로소 인간은 시를 해석하기 위해 설명이 필요해진다. 괴테의 시대에 그의 시는 노동자와 수공업자, 농부 들에게 친근했다. 언제 어디서든 라디오와 신문을 통해 시를 접할 수 있는 오늘날보다 훨씬 더 가까웠다. 한 세계의 규칙은, 있는 그대로의 현존을 통해, 다른 세계의 규칙에 대한 대답이 된다. 노동자와 수공업자, 그리고 농부의 세계에서 괴테의 시는 자기 스스로 공명했다.

시는 이 세계에, 현실의 세계에 있음으로써 자신을 증폭시켜야 한다. 오늘날 대부분의 시는, 창작된 후 세상 속으로 들어가면 수축되어버린다. 오늘날 시인은 단지 사물의 말만을 갖는다. 시인은 말로 사물을 사냥하고 다닌다.

완전한 시는 자신이 호명하지 않은 사물과도 연관을 맺는다. 횔덜린의 시에서는 시가 호명하지 않은 사물들도 공명한다. 모든 것이 공명한다. 그것은 모든 사물을 대리하며, 불신자의 땅(partibus infidelium)에 있는 모든 사물에 대한 시다.

어떤 사람이 내게 이런 글을 보내왔다. "이제 사람은 소란스러운 시대 탓에 더 이상 소유하기 힘든 고독을 시에서 얻고자 원할 뿐만 아니라, 시적 세계의 광채와 환함도 구하고자 합니다. 그것도 마치 시의 외부에는 그 어떤 빛도 존재하지 않고 지옥 같은 어둠만 펼쳐져 있다는 듯이 말이죠. …… 종종 나는 아침 시간 전부를 바쳐서 오직 횔덜린의 시를 읽곤 합니다. 그런데 오후에, 시간을 내서 조금이라도 탁 트인 들판으로 나오게 되면, 그때 견고한 시인의 세계는 어느새 내 머리에서 거짓말처럼 사라져버립니다." 그러나 완전한 시는, 시를 둘러싼 공허까지도 감당할 수 있다. 시는 공허를 달래며, 공허가 심연으로 추락하는 것을 막아준다. 완전한 시는 노래로 공허를 초월한다. 그것은 시가 여기 이 공간을 벗어났기 때문에 발생한 공허가 아니다. 그것은 시가 아직 한 번도 머물지 않았던 공간의 공허다.

사물은 "현실" 안에서 다른 사물을 향해, 인간을 향해 움직인다. 하지만 동시에 그들이 다시 한번 자유로운 자기 자신으로 머물 수 있는 장소, 시의 세계를 향해 이동하기도 한다. 이런 상승 이동을 통해 사물은 지상의 무게를 덜어주며, 지상은 시로 인해 더 가벼워진다. 시 속에서 사물은 현실의 그림, 지상의 그림이고 지상의 성좌다. 또한 사물은 머리 위 하늘에 있는 자신의 성좌를 따르기도 한다. 시는 지상의 성좌이자 동시에 하늘의 성좌다. 그런 이유로 시는 멀고도 가깝다. 사물을 지상의 자리에 못박아둠과 동시에, 별빛 속에서 가물거리게 만들기도 한다. 시는 인간을 따라가며, 인간이 시를 잊어버릴지라도 인간을 응시하고 인간으로부터 응시당한다. 그러나 여기서 응시하는 것과 응시당하는 것은 차이가 없다.

　시에서 사물은 해방된 것과 같다. 사물은 말해지는 것이 아니라, 스스로 말을 한다. 사물은 불려오는 것이 아니라 스스로 찾아오며, 스스로 원해서 거기 머문다. 순수하게 오직 거기 있음, 그 현존 안에서 모든 생성이 출현한다. 항상 지속되는 듯한 그 현존 안에서 모든 의미가 와해된다. 그것은 자기 자신을 향해 스스로 점점 증가하며 유입되는 현존이다. 그것은 결코 줄어드는 법이 없다.

4

　일상적인 언어에서는, 언어가 거기 있기 위해 어떤 특별한 행위가 반드시 필요해 보인다. 반면에 시에서는 언어가 자발적으로 온다. 시어는 인간에게 찾아온다. 일상적인 언어를 향해서는 인간이 직접 움직여야 한다. 일상적인 언어는 무언가를 갈망한다. 시인의 언어는 충족을 갖추었다. 일상어는 자비를 구하는 데 반해, 시어는 자비를 갖고 있다. 일상적인 언어에서 인간은 자기 자신이나 사물에 대해서 말하는 인간의 소리를 듣는다. 시에서 인간은 사물들이 스스로에 대해 말하는 소리에 귀 기울인다. 시는 위에서 떨어지며 인간에게로 하강한다. "아침이다, 성스러운 이른 시각, 몇 방울의 이슬이 하늘에서 떨어지는."(클롭슈토크)

일상어는 계속해서 전진하려 한다. 하나의 어휘는 다른 어휘들로 진행한다. 일상어는 전진을 통해서 생존하고, 말을 시작해야만 탄생한다. 시어는 본질적으로 이미 거기에 있다. 하나의 시가 되는 것이 아니라, 하나의 시가 펼쳐지는 것이다. 완전한 시의 첫 구절이 시작될 때, 이미 시 전체가 그 자리에 있다. 그러나 첫 시구 다음에 오는 것들도 사족은 아니다. 그것은 넘쳐흐르는 것이다. 딱 필요한 적절한 분량 위로 넘쳐흐르는 그것은 선물이다. 시에는 시적 표현을 위해서 적절한 분량 이상의 것이 들어간다. 바로 그런 성질이 시를 시로 만든다.

시어는 일상어 위로 펼쳐진 궁륭이다. 일상어의 역동성과 목적지향성은 그로 인해 제지된다. 시인이 "현장" 언어를 시에 사용한다고 해서, 그의 시어가 "현실"에 더욱 격렬하게 작용하는 것은 아니다. 시어는 시적인 말이 보유하는 완전히 다른 것의 영향을 받으며, 오직 그것으로 인해 "현실"에 격렬한 효과를 발휘한다.

시인이 기술 분야를 시의 테마로 삼는다고 해서 기술을 압도할 수 있는 것은 아니다. 하지만 시인은 캄파뉼라 꽃에 관해 시를 쓰면서 꽃의 푸른색에 지상의 모든 푸른색을 불러들이고, 푸른색의 고독까지도 노래할 수 있다. 시인은 기술의 역동성을, 마치 이 푸른색이 비행기 위로 떨구는 그림자의 움직임인 것처럼 표현할 수가 있다. 비행기는 잉잉거리는 꿀벌이 되고, 꿀벌은 꿈속에서 캄파눌라 꽃 주변을 날아다닐 것이다. 밤과 꿈조차도 모두 그런 시인의 하루에 포함되는 것이므로.

5

시인에게 말은 당연히 주어지는 것이 아니다. 시인은 말을 전혀 갖지 않은 것이나 마찬가지다. 시인은 모든 말을 매번 원천으로부터 새로이 퍼올려야 한다. 그래서 시인은 신의 흔적에 가까이 있다. 원초적 말에는 신의 흔적이 더욱 선명하므로. 그것이 시인이 얻는 은총이다. 하지만 시인은 원초적 말을 접함으로써 자연적인 것과도 가까이 하게 된다. 그로 인해 발생하는 위험도 있다. 시인의 정신이 자연적 요소와 더불어 지나치게 과도하게 움직일 가능성이 있고, 자연적 요소로 정체성을 물들일 수 있고, 특히 자연의 분출, 자연의 경련과 자신을 동일시할 수 있다는 점이다. 분출 활동을 통해 시인으로부터 뿜어져나온 새로운 정신이 말에 도입된다. 이것은 시인에게는 커다란 유혹이자 동시에 위험이다. 그래서 시인은 불안하면서 초조하다. 다른 이들보다 신의 흔적에 가까이 있는 시인은, 다른 이들보다 더 깊은 심연을 자신 안에 갖기 때문이다. 시인의 불안은 그 심연으로 굴러떨어질 것을 두려워하는 공포심이다. 시를 쓴다는 것은 자신 안의 심연 위로 훌쩍 뛰어오르는 것이다. 시인은 시를 쓰면서 심연을 잠재우고, 심연에게 자장가를 불러준다.

시인은 항상 심연을 열어젖히고 더욱 깊게 파내려가고 싶다는 유혹에 노출된 상태다. 그래서 매번 새롭게 심연을, 그 이상을 노래할 수 있도록. "나는 말하니, 내가 신들을 직접 볼 수 있게 가까이 다가갔다면, 신들은 손수, 나를 깊은 심연으로, 모든 살아 있는 것들 아래로, 거짓 성직자를, 집어던질 것이니, 그리하여 나는, 밤들로부터 솟아오르며, 아무것도 모르는 이들에게, 우려와 경고의 노래를 부르노라."(횔덜린)

〈편지〉

친애하는 M 박사님!
박사님은 저에게 괴테의 다음 시를 인용하여 편지를 쓰셨더군요.

황혼이 내려와 가라앉았으니,
모든 가까움은 멀어졌다.
그러나 가장 먼저 솟구쳐오른
저녁 별빛의 영롱함이여!
모든 사물이 불확실하게 어른거린다.
안개는 허공으로 서서히 스며들며
까마득하게 깊은 암흑의 장애물을
반사하는 호수는 잔잔하다.

이 시를 감상하는 방법으로 박사님은 학생들에게, 홀로 들판에 나가서 여기에 묘사된 대로 그곳에서 땅거미를 직접 체험해

보라고 권유하셨습니다. 그것은 아베 브레몽의 생각과 일치합니다. 시인은 우리에게 모종의 충격을 이식하여 우리를 특정한 체험으로 이끌고, 그로 인해 한 단계 높은 상태로 고양시키려 한다는 생각 말입니다. 그 해석에 대한 제 생각은 틀렸다입니다. 체험과, 체험을 통한 충격은, 시인의 작업과도, 시적 이해와도 맞지 않습니다.

실제로 시는, 청취자 자신을 자연스럽게 시의 한 내용으로 체험해버립니다. 청취자는 자기 자신이 시의 일부, 시를 이루는 하나의 요소가 됩니다. 그렇게 하여 그리스 비극의 청취자는 비극의 일부에 속하는 것입니다.

충격, 체험? 그런 것은 너무나 사소한 범주라서 단순히 심리적인 차원에 그치고 맙니다. 충격을 기준으로 하여 오늘날의 시를 생각해보면, 지금 이 시대만큼 시가 하찮은 것으로 전락한 때는 없었고, 지금 이 시대만큼 인간이 심각한 충격 속에서 살아간 때 또한 없었습니다. 시인에게 가장 우선적인 것은 체험이나 충격이 아니라 시적 능력입니다. 그렇지 않다면 영혼에 깊은 충격을 주는 자(정신적 충격을 가한다는 정신분석 기술자들을 말하는 것입니다!)는 누구나 시인이며, 그들의 환자 또한 시인이 아니겠습니까. 시적 능력은 체험으로 이어지며, 그 능력을 통해 시인 자신은 비로소 현실을 알게 되는 것입니다. 시인은 체험을 시적인 것으로 번역할 뿐, 그 역은 성립하지 않습니다. 만약 그 과정이 반대로 일어난다면 모든 원초성이 제거되어버릴 것입니다.

당연히 사물과의 만남들이 시보다 먼저 발생하는 것이 맞습니다. 하지만 시가 있은 다음에야 그 만남들은 현실화됩니다. 각각의 만남은 하나의 완전한 만남을 위한 견본입니다. 사물들은, 마치 그 완전한 만남을 위해서 방금 창조된 듯이, 아무런 절차 없이 곧장 눈앞에 모습을 드러냅니다. 시는 앞서 일어난 만남들을 능가하면서 우선적으로 거기 현존합니다. 시는 또한 시간에 대해서도 우선적인 존재입니다. 바로 그 성질이 시의 마법을 만들어내어, 시계의 시간이 갖는 과거와 미래를 상쇄해버립니다.

학생에게 사물을 자기의 감정으로 파악하라고, 사물을 그런 식으로 본받으라고 가르치는 것은 잘못입니다. 학생은 자신의 감정과 직접 관련되지 않은 사물조차도 인정하고 이해하는 법을 배워야 합니다. 감정과 감정의 직접성은 사물을 판단하는 척도가 아니며, 감정은, 헤겔의 말에 따르면, 넘어서서 앞으로 진행해야 하는 시작점일 뿐입니다. 감정은, 감정이 갖추지 못한 객관성을 본받아야 하며, 그 반대로 오직 감정으로 느껴질 때만 인정받는 무언가가 되어서는 안 됩니다.

저는 시란 무엇보다도 진리를 표방하고 진리를 전달하는 것이라고 생각합니다. 진리를 바탕으로 하여 시인과 시를 아는 자, 그리고 학생이 서로 만나는 것입니다. 청취자는 시에 의해서 진리의 영역으로 인도됩니다.

진리는 그 자체만으로도 시를 탄생시키기에 부족함이 없습니다. 진리로 인해 아름다움이 상실될 일은 없습니다. 시의 진실은 원초적 진실에 대한 갈망으로 떨고 있기 때문입니다. 시의 진실이 원초적 진실을 향하며 비추는 광채가 바로 아름다움입니다.
　당신의 M. P.

[21]

시의 선험성

1

시는 시인 자신의 개성에 기인할 뿐만 아니라, 인간의 본질적 구조에 속하는 다른 모든 성질과 마찬가지로 인간에게 미리 주어진 선험성에 기인한다. 하지만 오늘날 그 사실은 잊혀버렸다. "우리는 모든 만물을 완성된 상태로 갖고 꿈같은 천상의 정상에 자리 잡은 채 우주를 굽어보기 위하여 이 세상에 태어나지 않았다. 우리가 태어난 것은 신의 발아래, 신들의 옆자리로 향하는 계단을 하나하나 오르기 위해서다."(장 파울)

시인은 그에게 미리 주어진 시의 선험성으로 시를 쓴다. 객관적으로 실재하는 시가 거기 있다. 그것은 인간이 시를 쓰기 이전 세계의 시다. 그 시가 시인을 향해 울렸고, 시인을 향해 시로 왔다. 시인은 자신의 시로 대답한다. 그렇게 시인은 자신에게 미리 주어진 시를 현실로 불러낸다. 시인은 자기 자신이나 다른 인간들이 아닌, 미리 주어진 시와 대화를 하는 사람이다. 내가 슈티프터의 〈비티코〉를 처음 읽었을때, 나는 깨달았다. 이 세상에 가장 먼저 있었던 것은 시이고, 그 다음에 인간이 창조되었다는 것을.

시의 선험성이란, 지나간 세대 혹은 당대의 시인들로부터 각각의 시인들에게 전달되는 시적 정신을 의미하는 것이 아니다. 모든 살아 있는 시인과 죽은 시인이 있기 이전에, 이미 모든 시인에게 앞서 주어진 것을 의미한다.

이러한 시의 선험성은 인간의 창조적 행동 안에서 스스로 창조되며 인간의 구조 속으로 스며들어간다. 그리하여 시인은 선험성 안에서 원초적인 것, 근원적인 것과 조우한다. 개인적인 원초성은 그 안에서 자신의 척도를 발견한다.

시의 선험성은 인간에게 속했으며 본질적으로 인간의 것이기는 하지만, 인간을 초월하고 넘어서는 사물적인 어떤 것이기도 하다. 선험성은 모든 사물성들의 관계에서 주요한 기반이다. 사물성과의 관계는 어떤 특정 행동으로 수립될 필요가 없다. 그것은 처음부터 자명하게 존재한다. 그리고 아예 처음부터 개인에게 속해 있다. 사물성과의 관계는 개인의 존재 안에 이미 주어져 있다.

그러므로 인간에게 미리 주어진 시적-선험의 사물성은, 사람들이 흔히 객관적인 시라고 부르는 것과는 다르다. 예를 들자면, 딜타이가 괴테 시의 성격을 객관적이라고 부른 것과는 다르다는 뜻이다. "괴테는 일생에 걸친 인간의 성숙과 도야의 법칙을 찾음으로써, 눈에 보이는 현상의 요란한 혼잡스러움을 인간의 기본 유형에 따라, 개인적 처지와 사회적 상황에 따라 가지런히 정돈할 수 있었다." 그러나 시적-선험의 사물성은, 여기서 말하는 객관적인 도야의 법칙에 우선한다. 시인이 도야의 법칙을 활용할 수 있는 것은 그것을 이미 선험적으로 얻었기 때문이다. 그것이 시인의 안에 우선적으로 자리를 잡고 있기 때문이다.

사물성을 간직한 시인은 객체의 뒤에서 뛰어나올 필요가 없다. 그는 사물을 선점한 것이 아니다. 에른스트 윙거의 경우처럼, 객체가 시인에게 독점된 양, 다른 누구도 그 사물을 소유할 자격이 없다는 양 그렇게 말에 붙잡혀 있지는 않다는 의미다. 윙거에게는 상대방의 자아가 결핍되어 있다. 사랑이 결핍되어 있다. 그의 글에서 그림은 포위되어 있다. 갇혀 있다. 그림은 완전하지는 않지만, 완벽하다. 마치 하나의 기계가 완벽한 것처럼. 그림이 대상 사물 속으로 몸을 구겨 들어가는 소리가 들릴 정도다. 그러나 완전한 그림은 마치 물체가 스스로 꾸는 꿈과 같아서, 그 꿈을 통해서 물체는 더욱더 자기 자신이 된다. 시인이 아니라 자기 자신에게 가까이 다가간다.

그러므로 시적 선험성은 시적 행위의 기초를 이룬다. 그로 인해 시가 응집된다.

시를 읽으면, 시인이 선험성을 기다리면서 가졌던 떨림을 느낄 수 있다. 그 떨림은 리듬 속에 들어 있다. 또한 선험성을 만난 뒤의 안도감도 느껴진다. 리듬은 떨림이면서 동시에 안도다.

시인이 더 이상 선험성과 관련을 맺지 않을 때, 그는 금방이라도 꺼져버릴 대상을 다루듯이, 시적 상태를 붙잡아두기 위해 안간힘을 써야 한다. 그것이 오늘날 대다수 시의 풍경이다. 사람들은 말한다. 시인이 특별한 행위를 통해 모든 어휘를 붙잡아야 한다고, 그래서 시 속에 머물게 만들어야 한다고, 시인은 항상 시를 통제하여 시가 시로 머물게 감시해야 한다고. 따라서 시인은 시로부터 자유롭지 않으며, 자유분방할 수 없다고. 설사 그러한 시가 우리의 기계적 세계를 온전히 묘사하고, 우리 존재가 처한 위협과 무위를 적절히 그려낸다 해도, 그래도 역시 그 시는 시인이 노력한 결과일 뿐이다. 시대의 산물로, 필사적인 노력이 요구되는 우리 시대에 걸맞은 산물로 나온 것이지, 시적 정신으로부터 유래한 것이 아니다.

시적 선험성이 없는 시인은 시의 정신을 붙들어놓기 위해 애를 써야 한다. 이것은 현대 건축의 경우와 유사하다. 역학법칙의 도움을 받아 간신히 서 있을 수 있게 된 건물, 그 어떤 위대함도 없는 건물처럼. 그러나 역학법칙은 위대함이 있을 때 비로소 고양된다. 그래야만 위대함의 놀이가 되고, 더 나아가서 위대함이 자기 스스로에게 부여하는 법칙으로 나타나는 것이다. 현대 건축이 보유한 역학법칙은 과도하게 완강한, 진지함의 시멘트 덩이다.

2

시적 선험성이 있는 곳에는 모든 사적인 내용을 넘어서는 과잉이 존재한다. 그것이 시를 응축시킨다. 시는 시인에게서 자유로이 풀려난다. 풀려난 시가 한 사람에게 찾아간다. 사람이 시를 찾아나설 필요가 없다.

시인에게서 풀려나 자율적으로 움직이는 피조물처럼, 괴테의 시 "황혼이 내려와 가라앉았으니……"(226쪽 참조)는 한 사람을 향해서 허공을 날아간다. 그것은 자율적인 피조물이지만 인간에게 친화적이다. 선험성의 과잉은 시를, 시인 자신의 개성이 할 수 있는 것보다 더욱 시적으로 만든다. 그것은 시인보다 먼저 시를 노래하며, 시인보다 더 오래 시에 남는다.

이 과잉은 시의 결함까지도 감싸안는다. 위대한 시라고 해도 그 안에는 결함이 있는데, 그것은 시의 결함이라기보다는 인간 내면의 단절과 관련 있는 인간 자체의 결함이다. 그리하여 예레미아스 고트헬프의 글에 있는 공백은 결함이 아니라 인간의 구조 자체로 인해 발생한 그 무엇, 고트헬프 개인이 아닌 인간 존재에게 주어진 그 무엇이 된다. 가뭄이 자연의 결함이 아니고 자연 자체의 한 부분이듯, 고트헬프의 공백도 그러하다.

이 과잉은 시를 해석 불가한 존재로 만든다. 시의 선험성은 인간을 태초에 있었던 시간, 원초적 상태로 데려간다. 원초적인 것은 창조와 직접 연관되기 때문에 해석이 불가하다. 과잉이 없으면 시는 한눈에 꿰뚫어보인다. 기계구조가 그러하듯이 투명하게 설명이 가능해진다.

완전한 시는 계속해서 노래한다. 자기 스스로 계속된다. 선험성과 원초성으로부터 출발하여 끊이지 않고 변화를 거듭한다. 항상 새로워지는 변화 속에서 항상 같은 말이 반복하여 나타난다. 그것은 같은 말이지만 동시에 시간이 흐르면서 변화하는 말이기도 하다. 그것은 매 순간 특별한 의미로 노래한다. 그리하여 그것은 매 순간 살아 있는 말이 된다. 마치 괴테의 시에서 변신을 거듭하는 연인처럼.

수천 개의 형태로 너는 모습을 숨긴다.
그러나 애인이여, 나는 언제나 금방 알아볼 수 있으니.
설사 마법의 베일로 네 몸을 덮을지라도
그 무엇보다도 현존하는 님이여, 나는 언제나 금방 알아볼 수 있으니.

저급한 시는 시간이 흐를수록 옆으로 밀려난다. 눈에 보이지 않는 곳으로 치워진다. 예를 들어 데멜의 시는, 그의 사후 십여 년이 지난 후에는 더 이상 눈에 띄지 않았다. 그 어떤 비평가도 혹평을 퍼붓지 않았음에도 불구하고.

과잉에 의해서 선험성이 시로 온다. 과잉에 의해서 시는 자신을 초월한다. 시는 세계를, 객체를, 자신에게로 끌어당긴다. 세계의 총량이 증가한다. 시에는 시가 호명하는 것보다 더 많은 객체가 있다.

시는 살아 있으며, 자신을 초월하여 다른 사물을 자신에게로 끌어당기는 성질을 통해 앞으로도 계속 살아갈 것이다. 그러한 시는 시간의 찰나 너머로 자신을 싣고 간다. 그 시는 미래적인 것을 내포한다. "시인은 혼자인 것처럼 보인다. 그러나 항상 예견한다."(횔덜린) 일차 대전의 참혹함은 트라클의 시 몇 편에서 이미 예견되어 있다. 이런 종류의 시는 미래에 도래할 일들을 현재에 분명히 볼 수 있는 힘을 가진다. 이런 종류의 시는 현재의 시간을 미래로 전이하는 힘, **역사를 형성하는 힘**을 가진다. 이런 종류의 시는 순전히 역사적인 사실을 시로 묘사함으로써,

또한 그것을 역사를 초월하는 영역으로 참여시킬 수가 있다. 한 예로 베르길리우스가 유년기를 찬양할 때, 그 찬양은 분명 황제의 아들을 위한 것이지만, 찬양 스스로가 베르길리우스를 넘어서서 앞으로 세상에 태어날 신의 아들인 예수에게까지 다다르게 된다.

시의 선험성이 결여된 시에는, 시적인 특별함 자체가 없다. 오늘날 많은 시들은, 자신들이 표현하는 것이 우연히 말이라는 질료 속으로 옮겨졌기 때문에 시가 되어버린 듯하다. 그렇다면 다른 방식으로도 얼마든지 같은 것을 표현할 수 있다는 뜻이다. 어떤 행위를 통해, 어떤 수학 공식을 통해, 어떤 기술의 메커니즘을 통해. 그런 경향은 시를 평준화시켜 저급한 수준의 시가 탄생하는 바탕을 마련한다. 시는 오직 시로서만 가능하다는 독점적 위치는 선험성과의 결합에서 형성되며, 거기에서부터 시의 특별한 본성이 시작된다. 오늘날의 시는 불안하다. 시가 더 이상 자신만의 특성을 갖지 못한 채 다른 수단으로 얼마든지 교체 가능해졌기 때문이다. 시적 특성으로 정당한 자격을 획득하지 못한 시는, 독재자의 권력어 아래서 억압당할 수 있다. 그 시는 시로서의 확고함이 부족하기 때문이다. 괴테, 횔덜린, 트라클의 시는 권력어를 넘어 스스로 계속해서 노래하게 될 것이다.

시적 선험성과 관련을 맺지 못한 시들은, 자기들끼리의 구분도 희미하다. 그들은 설사 다른 시대에 다른 시인에 의한 것이라 해도 결국 서로가 비슷하게 중복된다. 그들은 독창적 행위에 의해서가 아니라, 단순한 팽창, 단세포 생물처럼 반복적인 세포분열을 통해 자신을 증가시켜나가는 집적물에 불과하다. 개인조차 이러한 응집의 영향 아래 파묻혀버린다. 그렇지 않다면 자신을 드러내기 위해서 아주 기묘하게 왜곡된 형태를 취할 수밖에 없다. 이런 시는 말하자면 수평적인 선 위에서 증식한다. 반면에 선험성의 시는 수직으로 상승하며 성장한다. 그런 식의 수직 성장에서는 일상적인 차원의 수평적 흐름이 중단되고 만다. 원천으로부터 끊임없이 솟아나오는 공급이 있으므로 모든 시는 최초의 시, 그 원천을 떠나 최초로 인간에게 가닿은 시가 되는 것이다. 진정한 시인들은 선험성이란 근원으로 서로 연결된다. 그런 이유로 한 명의 인간이 이태백이나 롱사르, 혹은 횔덜린과 같은 다양한 색채의 시인들을 모두 이해할 수 있는 것이다.

3

선험성은 물론 중요하다. 하지만 "열매는 꽃의 약속을 능가한다"(말레르브)란 시구처럼, 시 자신은 시에 선행하는 것보다 더욱 중요하다. 선험성이 있는 이유는 오직 한 가지, 시가 있기 위해서다. 선험성은 시가 있음으로써 그 안으로 스며들 수 있고, 그리하여 존재가 승인되는 것이다.

선험성 앞에서 시인의 개성은 덜 중요하다. 선험성의 힘이 강력하면 강력할수록, 선험성으로부터 기인하는 모든 효과가 크면 클수록, 즉 태초의 상태와 가까울수록, 시인의 개성은 더욱더 뒤로 물러난다. "창작자가 자신을 오직 객체 중의 객체로 기억하는 그리스 시대의 예술에서는, 개인의 자기망각은 종종 감동적이기까지 하다. 미네르바의 방패에 돌을 던지는 늙은 남자로 스스로를 새겨넣은 페이디아스처럼, 자신을 겸손하고도 무의미하게 표현한 후대의 예술가는 없었던 것이다."(장 파울)

이 선험성, 미리 주어진 객관성은 그러나 오늘날의 시에서는 거의 찾아볼 수가 없다. 그것이 떠나간 시의 빈자리를 공허가 대신 채우고 있다. 하지만 선험성의 결핍을 알아차리는 사람조차도 많지 않다. 만약 시인이 그 사실을 알아차린다면, 그의 시는 텅 빈 결핍을 맴도는 노래가 된다. 릴케는 이러한 결핍을 노래한다. 시인의 곁에서 결핍은 스스로 노래한다. 릴케는 선험성이 빠져나가버린 빈 공간을 지니고 다닌다. 하지만 다른 이들은 그 공간을 이미 버렸다. 릴케의 시를 읽으면 우리는 그가 결핍된 것, 즉 시의 선험성을 가질 수도 있었으나 스스로 원하지 않았다는 인상을 받는다. 그는 지금 우리가 사는 시대, 더 이상 객관적-시성이 없는 시대의 시인이 되고자 했다. 그는 지금 우리에게 결핍된 그것을 미리 노래하고자 했다. 릴케는 의식적으로 태어나지 않은 채 머물렀던 시인이다. 시대 전체가 태어나지 않은 상태였기 때문이다. 그는 고결한 사람이었다.

사람들은 이런 질문을 한다. 릴케의 시가 주는 아름다움 덕분에 공허와 아득한 심연이 하찮은 것이 되어버리지 않았느냐고. 심연의 언저리에서 심연을 노래한 시 덕분에, 심연이 더 이상 위험하고 위협적이지 않게 된 것 아니냐고. 심연은 아름다움으로 둘러싸이고, 그리하여 진정한 의미에서 매혹적인 대상으로 변하지 않았느냐. 심연은 아름다움의 동기인 셈이므로, 결국 매혹으로 가득한 무엇으로 받아들여야 하지 않겠느냐고.

단테와 같은 중세의 시인도 지옥의 나락을 아름다운 시구로 노래했다. 하지만 거기서의 아름다움은, 비록 그것이 심연의 아름다움이라 해도, 역시 신이 창조한 그대로의 아름다움이었다. 심연은 심연으로 현존했다. 시의 아름다움으로 인해 심연이 솟아오른 것은 아니었다. 릴케의 경우처럼 심연이 아름다움 안에서 녹아 없어진 것은 아니었다.

아마도 릴케에게서 보이는 초조함과 불안의 기색은, 진실한 삶을 살고자 원했던 시인 릴케가 심연의 공포와 시의 아름다움 사이에 놓인 균열을 느낀 탓인지도 모른다. 그는 심연을 앞에 두기를 원했고, 아름다움에 취한 상태에서 그 심연에 대한 공포 자체를 잃어버린 것이다. 그것은 시 안에서의 잃어버림 이상이다. 그것은 자기 자신을 상실하는 행위였다.

내 별이 올라왔다
내 발 아래 깊은 곳에.
나의 여우는 겨울에 어디에 집을 짓는가,

나의 뱀은 어디에서 잠이 드는가?
(파울 클레)

별은 더 이상 하늘에서 보이지 않고 "아래"를 파고들어간다. 이렇듯 자신을 파묻고 숨어버리려 하는, 아예 땅속으로 사라져 버리려는 시인들이 종종 있다. 그러나 반대로 사르트르의 문학, 혹은 사르트르 유의 문학은 결핍과 공허를 상업화한다. 그런 문학은 이제 일반적인 영리활동의 한 부분이 되었다. 그것은 공허의 타락이다.

4

시의 선험성, 시의 사물성은 어떻게 시인에 의해서 재발견될 수 있을까? 어떻게 하면 그것들을 다시 불러낼 수 있을까? 만약 인간의 기본구조에 속하는 다른 원초적인 현상들, 종교, 인간, 자연, 민족과의 관계가 다시금 자명한 형태로 인간의 질서 속에 자리 잡게 된다면, 그러면 시 또한 선험성을 향해서 시선을 돌릴 것이고, 더 나아가서, 시의 선험성이 스스로 선명해져서 인간이 그것을 받아들일 수밖에 없는 단계에 이르리라고 생각하는 사람도 있을 것이다. 그렇게 될 가능성은 있지만, 그 가능성만으로는 실재하는 결핍 앞에서 아무런 소용이 없다. 가능성은 아무런 영향도 미칠 수가 없다. 결핍은 너무도 거대하고 너무도 심층적이어서, 상황을 장악하는 것은 결핍이지, 미약한 가능성이 아니다. 결핍의 실재는 강력하므로 인간은 그 앞에서 **멈추어야만 한다.** 결핍은 인간의 눈길을 강력하게 사로잡아 결코 다른 곳으로 시선을 돌리지 못하게 만든다.

하지만 계속해서 인간의 눈길이 공허를 응시하게 된다면, 시선으로 공허를 둘러싸게 된다면, 텅 빈 공허에는 경계가 발생한다. 결핍된 선험성이 스며들어갈 수 있는 공간이 형성된다. 인간이 결핍을 극히 진지하게 다룬다면, 선험성의 결핍으로 인해 자신의 구조에 병적 상태가 발생했음을 매 순간 진지하게 인식한다면, 그의 진지함은 그의 진실성을 통해 태초의 진리, 창조의 진리로 가닿는다. 그리고 그로 인해 마침내는, 원초적으로 인간에게 주어진 선험성으로 가닿는다.

옮긴이의 글

언어가 번역된다는 것은, 특히 문학이 번역된다는 것은 육체와 정신의 떨림을 동반하는 과정이다. 특히 원천 언어와 목표 언어 사이의 구조와 논리가 다르면 다를수록, 그 떨림의 강도는 더욱 심해진다. 번역가 당사자뿐 아니라 언어 자체, 작품 자체도 함께 떤다. 번역가는 결코 중심에 놓이지 않는다. 번역가는 보이지 않는 존재에 가깝고 심지어 독자들보다도 더 뒤편 그늘에 자리하는 것이 보통이며 또한 그게 자연스럽지만, 그에게는 작가도 독자도 모르는 것이 있다. 그것은 언어가 그에게 실려 자리를 옮길 때 전율했던 바로 그 떨림이다.

번역가로서의 최대의 기쁨은 책을 번역하면서 사랑에 빠질 수 있다는 점이다. 번역은 단순한 독서보다 느리다. 그래서 번역가의 사랑은 독자의 사랑보다 느리며, 오래 지속된다. 이때 번역가의 사랑은 필연적으로 이종간의 사랑이며, 번역은 사랑하는 이에게 자신의 언어로 이름을 부여하는 행위와 같다.

가장 최근에 번역가로서 내가 만나 한동안 동거한 책은 스위스의 의사이자 작가 막스 피카르트의《인간과 말》이다. 그를 통해서 느꼈던 그 떨림에 관해서, 이야기해보고 싶다.

언어는 인간에게 미리 주어져 있다. 인간이 말을 시작하기 이전부터 언어는 인간 속에 있었다. 그렇지 않았다면 인간은 처음부터 말을 할 수가 없었을 것이다. …… 인간은 자신 속에 선험적으로 내재하는 언어를 사용해서 말을 하는 것이다. 선험성은 모든 경험에 우선한다. 선험성은 인간의 외부에서 왔지만 원래부터 인간을 위해서 존재한다 (〈언어의 선험성〉).

시간이 앞으로 진행하는 것일까. 회귀하거나 중첩하거나 동시적으로 존재하지 않고 오직 하나의 경로로 미래를 향해 우리를 실은 채 질주하는 것일까. 그리하여 그 시간과 함께 문명과 기술, 우리들의 사고와 감정, 정서와 문화 그리고 우리가 믿는 신들과 우리의 비밀, 우리의 신비조차도, 빛처럼 우주를 가로질러 직선거리를 주행하는 것일까. 어디에서 왔는지는 보이지 않으며 어디로 가는지 또한 아무도 모른다. 우리는 과거의 그 누구보다도 광적인 속도를 실감할 수 있는 시대를 산다. 속도의 현기증은 우리 모두의 공통된 증상이며 지금 이 순간, 곧 현대다.

만일 우리에게 오직 질주만이 있다면, 만약 그러하다면, 우리는 앞으로 두 번 다시 막스 피카르트와 같은 작가를 가질 수 없을지도 모른다. 이 책의 마지막 문장의 번역을 마치는 순간,

나는 그런 생각이 든다.

'인간과 말'이라는 건조한 제목에서 사람들은 어쩌면 언어철학이나 그와 유사한 것, 지식인을 대상으로 한 어느 정도 학문적인 내용, 비트겐슈타인 등을 떠올릴지도 모른다. 하지만 이 책은 과학으로서 언어를 다루고 있지 않다. 이 책은 현학적인 아포리즘과도 거리가 있다. 이 책은 진지함에 관한 책이다. 그것도 우리가 오래전에 망각한 그런 원초적인 방식으로의 진지함을 다루고 있다. 어떤 사람은 이 책을 읽고 몇몇 구절을 떼어내어 간편하게 소지하면서 간직하고 싶은 욕구가 생길지도 모른다. 하지만 그것은 불가능하다. 막스 피카르트는 파편으로 이해할 수 있는 작가가 아니다. 그의 진지함은 항상 온전한 전체성을 요구한다.

인간은 그림을 응시하는 것보다 그림에 의해서 더 많이 응시당했다. 그림이 인간을 응시했다. 그림의 눈동자가 인간에게 향했고, 그림 앞에서 인간은 눈을 내리깔았다. 그림에 의해 응시당함으로써, 인간은 응시하는 법을 배웠다. 그림에 의해서 침묵당함으로써, 인간은 침묵하는 법을 배웠다. 하지만 무엇보다도 여기서 인간은 말을 배웠다. 이 침묵하는 그림의 세계에서 말은 쉽지 않았다. 말을 위해서는 하나의 행동이 불가피했다. 하나의 행동을 침묵으로부터 꺼내와야만 했다. ……말은 그림 앞에서 견뎌야만 했고 그림에 대항해야만 했다. 말은 전적으로, 온전히 진실이어야만 했다. 말은 진실을 통해서만이 그림에 맞서서 최초의 현존을 획득할 수 있었다. 말은 항상 그림에 맞서서 자신을 주장해야만 했으므로, 틀에 박힌 표현으로 전락할 위험이 오늘날보다 적었다(〈그림과 말〉).

'인간과 말'이라는 제목은 인간을 말로 유혹하려 하지 않는다. 그러나 이 책을 읽음으로써 사람은 알게 된다, 매혹이 없는 설득은 없으며, 진실은 자연스럽게 아름다움을 동반한다는 것을. 피카르트의 철학은 인간을 짓누르는 것이 아니라 해방시키는 종류라고 생각한다. 그의 철학은 이론이 아니라 언어로 함축된 해방의 모든 몸짓이다. 이 책에서 눈에 띄는 점 하나는, 인간의 육체, 인간의 얼굴, 이미지와 회화와 같은 시각적 요소들이, 대개의 경우 철학자의 주된 관심사에서 밀려나기 마련인 것들이, 진리와 마찬가지로 말에 대해서 중요한 위치를 차지한다는 점이다. 인간의 육체는 정신의 산물, 말의 산물이기도 하다. 말이 우리를 보게 하며, 보이게 한다. 그것은 아름다움을 목적으로 하지 않은 아름다움으로 우리를 이끈다. 마치 피카르트의 모든 문장이 그러하듯이.

번역을 하면서 든 개인적인 느낌은, 이 책은 다른 누구보다도 말과 동거하는 인간, 말의 인간, 말로부터 유래한 인간을 위한 책이라는 것이다. 그리고 어쩌면 더 나아가서, 이 책은 글을 쓰는 인간, 곧 작가의 영혼을 위한 책이라는 생각이 든다.

말은 이처럼 강력해서 탄생 이후 줄곧 스스로를 증거하면서 자신의 미래를 산출하고 있다. 그렇다면 말은 죽음마저도 관통해야 하며 죽음

가운데서도 생존할 수 있어야 한다. 말은 삶을 모두 통과한 후 죽음으로 들어서기를 원한다. 삶에는 말을 위한 공간이 충분하지 않다. 그리하여 인간은 말로 인하여 불멸이 된다(〈말과 시〉).

피카르트는 우리 현대인이 그동안 거의 자명한 것으로 여겨왔던 현대적인 가치들—실존주의, 개인, 주관, 정신분석, 감성 등—에 비판을 가한다. 그의 보수적인 시각에 동의하지 않을 수는 있다. 그렇다, 그것은 분명 보수적이다. 물론 정치적인 차원은 아니며, 낡고 답습적인 성격도 아니다. 굳이 이름 붙이자면 신비주의적 보수성에 가깝다. 하지만 고집스럽게 절대적인 근원을 추구하는 보수성으로 인해 그의 글이 도리어 희귀하고 아름답게 느껴지는 것 또한 사실이다. 인간은 자신이 미처 인식하지 못했던 새로운 꽃 한 송이, 새로운 아름다움 앞에서 언제든지 떨 준비가 되어 있는 존재다. 그래서 우리는 인간임이 행복하다.

인간과 말

초판 1쇄 발행 2013년 6월 24일
초판 9쇄 발행 2025년 6월 25일

지은이 막스 피카르트
옮긴이 배수아

발행인 박지홍
편집장 강소영
편집 박세원
디자인 공미경

발행처 봄날의책
등록 제311-2012-000076호 (2012년 12월 26일)
주소 서울 종로구 창덕궁4길 4-1 401호
전화 070-4090-2193
메일 springdaysbook@gmail.com
인스타그램 instagram.com/springdaysbook

인쇄·제책 한영문화사

ISBN 978-89-969979-2-4 03100

이 도서의 국립중앙도서관 출판시도서목록(CIP)은 서지정보유통지원시스템
홈페이지(http://seoji.nl.go.kr)와 국가자료공동목록시스템(http://www.nl.go.kr/kolisnet)에서
이용하실 수 있습니다(CIP제어번호: CIP2013008343).